超人脈術

不善交際也能輕鬆拓展人際關係
打造讓機會找上門的幸福交友圈

讀心師DaiGo・著　高詹燦・譯

序

構築最適合自己的人際網絡，擁有理想的人生

你喜歡享受美食的時刻嗎？

我最喜歡了。

我有位比我年長的朋友，就愛追求這種「喜歡」，結果就此擁有一套很出色的人脈網絡。

他從年輕的時候起就很喜歡吃，一概不管料理的類型、價格、店面的層級，將工作以外的時間和賺來的錢全投注在美食上頭。

他所到之處，都會很率真的傳達對美味的感動，與店主結為朋友，也會和還在學藝的年輕廚師們打好關係。

不久，那些年輕的廚師紛紛自立門戶，開設自己的店，他總是第一個上門

光顧，品嘗料理，說出真實無偽的感想。

在持續展開交流的過程中，當中幾家店被刊登在知名的美食指南書上，逐漸成為不容易訂到位的人氣名店。

對於這些人氣名店，他從來不會炫耀自己「老早就知道了」。他仍和以前一樣，與廚師們來往，隨心所欲地到店裡用餐，享受美食。

不過，以結果來看，**有好幾家「很難訂位的店家」，都奉他為特殊佳賓，他總能訂到位。**

當中有一家店，是光靠一位主廚打理一切的餐廳。

客人一天只有一組，最多只能四個人坐一張桌子。這家店馬上在愛好此道的人士當中傳開來，甚至有從國外遠道而來的ＶＩＰ。

不過，基本上都只有在來過店裡用過餐後，才有可能訂到下次的位子。也就是說，如果不是在某人的邀約下於店內用過餐，幾乎就無法成為店裡的新客人。

只有四個座位的店面，任憑你準備了再多錢，也無法插隊訂位。

而且能品嘗到這位主廚料理的客人，一天就只有一組，最多四人。像這樣的店，他一年四季不同時節，總會在當令食材更迭的時候訂到位子。

想和氣味相投的夥伴同桌共享美味的料理。他抱持這樣的想法，所以每次都會開口問自己的夥伴們「○月○日要不要一起去○○？」。

如果他開口這樣問你，你會怎麼回答？

幸好我似乎也是這位朋友「想邀請一起用餐」的夥伴之一，被加入他的人際網絡中。如果他問我「要去嗎」，我都會馬上回一句「要去」，然後把前後的預定行程排開。

因為**他能訂到位的店家，我就算使出洪荒之力也訂不到位。**

人際關係或建立人脈的目的是什麼？

為什麼這本以人脈和人際關係為主題的書，會提到「有辦法向好吃的店家訂到位的年長友人」這個話題呢？因為這裡頭有**「拓展人際網絡」**（建立人脈、改善人際關係）的一種目標形態。

如同他成為周遭人眼中「想和他建立關係」的人，也就是**自己展開行動，打造出充滿魅力的自己，逐步向你周遭擴展理想的交友圈，是最確實的方法。**

他追求對美食的講究，透過美食，上從政經界的大人物，下至年輕的企業家、像我這樣的無名小卒，全都收納在他的人際網絡裡，裡頭沒有年齡、性別、職業、地位、年收這類的門檻。

與他的人際網絡有連結的人們，其共通點就只是擁有某種魅力，很珍惜享受美食的時光。

以我的情況來說，把「想知道人們的心理」這份求知欲當作我的出發點，才有了現在的我。不過，與他人相比，我的人際網絡實在很小，就只有二至三十名夥伴。

不過，我與每個人的連結都相當緊密，我的夥伴們大多都是書中介紹的

「超級人脈王」這種類型的人，所以這些同伴的同伴，在必要時會助我一臂之力，就此建立了關聯。

這與我原本的個性有很大的關係。**比起我那些個性開放的朋友們，我的個性很被動，而且有點溝通障礙。**對不感興趣的事總是擺出漠不關心的態度，可能就是這樣惹來了麻煩，我從小一起一直到中學二年級，都是被霸凌的對象。

此事我在過去的著作中有詳細的記載，連續八年的霸凌，後來因為我怒火爆發才結束。

這項經驗對我來說，是莫大的資產。因為我從中紮紮實實地學到，**唯有自己展開行動，才會帶來變化。**

「總有一天老師會出面阻止」「會有轉學生來成為我的好朋友，救我脫離苦海」像這類的願望或想像，終究只是一時的自我安慰。

然而，只要自己展開行動，情況就會有很大的改變。

當時的我決定「將一頭自然捲燙直」、「改戴隱形眼鏡」、「將原本倒數第三名的成績，提升為全校前三名內」，並逐步付諸實行。

每次周遭人看我的眼神都在改變。感覺到改變的我，反覆展開小型的實驗。

其中一項小實驗的主題，便是**改變有點溝通障礙的自己**。

我無法在眾人面前好好說話。

如果是我不關心的話題，就會跟不上大家談話的步調。

很難融入團體中。

在眾人聚集的場合裡，我往往會成為「壁花」。

為了改變這樣的自己，我從嘗試錯誤中摸索，最後找出的方法是「聊自己擅長領域的話題」。不過，這要是成了用來吹噓，或是讓自己比對方高出一截的手段，那就會造成反效果。

透過這個小實驗，我學會溝通障礙的對話要訣，那就是採用**「分享對你有**

助益的知識」這種說話方式。

我將自己基於興趣而學習的心理學知識與夥伴分享——。因為是自己喜歡才學習，所以我能很有自信的和人聊。基本上，我就是藉由這樣的反覆操作，逐漸建立了自己的人際網絡。

現在回頭來看，當初是我有「想改變有溝通障礙的自己」這樣的想法，接著展開行動，結果才造就了人際網絡。

也有短短五分鐘就能解決溝通煩惱的方法

你是否有像我那位年長友人對「吃」的執著，或是像我這樣對「求知」的執著呢？

當然了，未必非得像我們做得這麼徹底不可。

會令內心澎湃、喜歡的事。想和周遭人共享喜悅的事。像這樣的某個東西將會是培育你的種子，讓你成為一位人們心中「想和他建立關係」，充滿魅力的人。

如果是為了造就幸福的人生，而想擴展交友圈，那就得先打造充滿魅力的自己。

當然了，我完全沒打算很單純的建議各位「去追求自己喜歡的事物」。想要擴展交友圈，有它基礎的思維，以及派得上用場的技巧。

例如，那位以美食當主軸來拓展人際網絡的年長友人，就是使用以下這種技巧。

以「訂不到位的店家」這種稀有事來吸引人們，然後「一起享受用餐」，共享這種在心理學上頗具效果，能提升親密度的時間，便能加深彼此的友好關係。

就像這樣，**我從國內外與拓展人際網絡有關的研究和論文中學習、實踐，並在真實社會中一面觀察人們，一面從中體悟到的奧祕**，在本書中為各位介紹。

當中也包含了只要短短五分鐘，就能幫助有溝通障礙的人解決溝通煩惱的訓練。

只要能學習基礎的思維，練就適當的技巧，任誰都能如願改善人際網絡。

如果只重看得失，以此建立人脈，早晚會走進死胡同

為何我這麼執著於英語圈所用的「拓展人際網絡（networking）」這種說法呢？因為**它與商業書或實用書的世界裡所用的「人脈」或「人際關係」這類的字眼不太一樣**。

尤其是在商業的世界裡使用的「人脈」一詞，會讓人強烈感覺到像是以得失來判斷人與人的關係。

「要是與這個人建立關係的話，應該會有好處吧。」

「要是和那個人來往，或許能大賺一筆。」

巧妙的利用對方，想從中獲利。要是和對方來往也無利可圖，那就算完全無視於對方的存在也無妨。

這種以自我為優先的想法本身，我無意去否定它。

問題在於得失的判斷基準不是根據你的價值觀而定，而是根據它是否能對工作有幫助，是否能賺到錢，完全遵照某人既定的規則走。**用某人的量尺來評斷他人，別有居心的靠近對方，這種關係難以長久。**像業務內容改變或是轉換跑道等等，一旦規則改變，原本理應已構築好的人脈，全都會砍掉重練。

人與人之間的關係，「質」比「量」更重要。

另一方面，關於「人際關係」一詞，我查了一下人們在網路搜尋時會同時輸入的詞彙後發現，排行前面的有「不擅長」、「煩惱」這一類消極的字眼。因為同屬一家公司的偶然，而開始來往的公司同事、因工作而認識的公司外部人士。有許多人都不是因為自己積極的選擇才開始來往，所以會為人際關係苦惱。

如果說人脈是在這個以公司為中心的世界裡，為了掌握成功而必須加以利用，那麼，人際關係則屬於比較私人的連結關係。很多人對於這兩者有很嚴重的誤會。

人脈是為了成功而非建立不可，至於人際關係則勢必得保持良好才行——。因為一股腦地這麼認為，我們才會被壓得喘不過氣來。

對照自己的價值觀，看這樣的人脈是否真有必要，是否保有愉快的人際關係，這原本就是很重要的一件事。

如果無視於基礎的思維，總是學一些小手段，這樣就算能暫時應付各種情況，但早晚也會走進死胡同。

關於這點，在英語圈都是將拓展交友圈稱作為「networking（拓展人際網絡）」。

包含了商業上的得失評估而建立的人脈，也包括在「拓展人際網絡」一詞的範圍內，不過**比起我們日常生活中所使用的「人脈」或「人際關係」，它具有更加重視個人價值觀的傾向**。

簡單來說，要先有「只要你變得有魅力，人們就會自己聚集過來」「努力提升自己的魅力吧」這樣的思維，之後技巧才會跟著來。

擁有基礎的價值觀和追求的理想，並學習「與第一次見面的人敞開心胸的談話方式」「提高與對方親密度的提問方式」這類的技巧，練就這身本事，是提升個人魅力所付出的努力。

在最短時間內有效的拓展人際網絡

我的理想是像神仙一樣，謝絕和人交往，成天過著看書、逗貓的生活。以得失為基準的人際關係，還有建立人脈，在我眼中都是煩心事。

但為了實現看書逗貓的理想生活，我無法斷絕與人們的一切關聯。

因為不管看哪份論文或研究，它們都指出，拓展人際網絡是實現人生理想的一大助力。

・只要有超過三個朋友，人生的滿意度就會上升96%

・擁有最好的人脈，會讓工作的動力提升700％
・孤獨的人一旦人際關係變得充實，能延長十五年壽命

有效的拓展人際網絡，確實會豐富我們的人生。**決定幸福的不是錢財或名聲，而是人際交往。**

指出這三種效果的論文和研究，都展開過充分的調查，有其科學根據。只要得知會有這樣的結果，就會覺得與其切斷絕與人來往，還不如為了以適合自己個性的方法來讓生活更加充實，而反覆在嘗試錯誤中學習。

最後我得到的是**「適合自己特性的人脈建立法，以及在最短時間內加以實現，維持人際關係，並讓它更加充實的技巧」**。

在建立適合自己特性的人脈這樣的含意下，我做出以下的選擇。

我雖然已長大成人，但協調性低，且沒能提高與別人產生共鳴的能力，再加上微帶溝通障礙的本質也一點都沒改變。對於錯誤的事、效率差、浪費的情

況，我總是不管三七二十一直接就出言指正。

當然了，在只注重「上司」與「前輩」，考量的不是是非黑白，而是身分立場的日本企業裡，我根本無法建立他們口中的理想人脈。

考量到這點，我最後選擇走上讀心師這條路，以它作為自己的創業之路。我周遭有少數幾位能夠理解我這種麻煩個性的優秀工作人員，以及在書中介紹的幾位超級人脈王。

有人說「DaiGo好像沒什麼朋友」，這是事實。然而，雖然我朋友不多，但我一樣能做各種生意。

這是因為我對自己的弱點有自覺，也能**看清楚自己應該和哪些人來往，並在其中投注自己的專注力、知識、時間，逐步建立起必要的人際網絡。**

就算內向、怕生，一樣沒問題

如果你現在正為人際關係或建立人脈而苦惱，那麼，本書所介紹的「拓展人際網絡」想法和與人互動的技巧，會為你帶來很大的幫助。

此外，雖然現在有朋友，也有工作夥伴，生活上沒什麼大問題，但總覺得自己已經到頂了……不覺得有在成長……為此感到悶悶不樂的人，這本書一定會帶來改變。

因為，**只要檢視你現在擁有的人脈，以你追求的理想以及適合自己個性的方式來重新擬定人際關係，這樣你的人生就會朝幸福邁進**。

拓展人際網絡很像購物。如果店員怎麼說，你就怎麼買，想必很快荷包就空了。

換句話說，如果想認真和你遇見的每個人來往，你的時間和精力將大量流失。而且時間一去不復返。

就算別人說你太會算計，你也得認真思考「**要如何將自己有限的時間和精力投注在人際交往上**」。

人稱現代管理學之父的彼得．杜拉克曾留下這麼一句話。

「沒有人會因將原來的自己改變成另一個人而成功，成功的人往往都是想變成原本的自己。」

我以前也很內向，不善與人來往又有點溝通障礙，也曾責怪這樣的自己。

但現在不同了。

因為拓展人際網絡堪稱是人際關係和建立人脈的一門科學，我在學習它的過程中明白「**根本沒必要克服這種心理情結**」。

不必去模仿那些外向、溝通能力強的人，不妨活用現在的個性，構築**最佳的人際網絡**吧。

本書一定能成為讓你人生變好的契機。

二〇一九年二月

讀心師DaiGo

超人脈術：不善交際也能輕鬆拓展人際關係，打造讓機會找上門的幸福交友圈　目錄

第2章 為你帶來幸福的「拓展人際網絡」究竟為何？

第3章

與「超級人脈王」連結的技巧

第4章 如何結交帶來幸福的「三位朋友」

第5章

看穿人際關係變成壓力的陷阱

第6章 得到迷人的魅力

日文版STAFF

內頁插圖	OFFICE SHIBACHAN
RESEARCH	鈴木祐
構成	佐口賢作
編輯	河村伸治（makino出版）

第1章

讓人脈停滯的五個誤解

正因為內向又怕生，所以才發現的事

我想在此做個告白。

我從十幾歲起，就不善與人來往……雖然很想用過去式來寫，不過其實我現在也一樣不擅長。

為了傳達更多有所助益的資訊，我以飛快的說話速度播出Niconico直播「讀心師DaiGo的心理分析！」，以及YouTube直播，對此印象深刻的人，或許很難想像我文靜的一面。

不過，**平時的我既怕生，又寡言**。

例如上電視時，攝影棚入口處附近有一處供演出者等候的空間，人稱「前室」。

表演者們總是活潑的聊著天，藝人們則是互聊近況，氣氛無比熱鬧。

像這種時候，我都在做什麼呢？我都是站在牆邊，消除氣息，用手機看書。如果以派對來說，我這算是處在「壁花」的狀態。我不會自己主動積極的攀談。

為什麼會這樣？

理由很明確。因為**我個性內向，近乎有溝通障礙**。

有一種科學可信度最高的性格分析測試，名為「五大人格特質」，我在測試後得知，我的**協調性和共鳴能力極低**。

這種人格特質的人喜歡單獨行動，容易對他人有批判性。

我是在過了二十五歲後接受這項性格分析測試，但我很清楚自己中小學時代成為同儕霸凌對象的原因。

我喜歡看書，是個得理不饒人的孩子，愛批評別人。只要覺得「是這麼回事才對」，就非得跟對方講清楚才甘心，對班上的權力平衡和人際關係根本毫不在意。

結果換來的是被人在室內鞋裡放圖釘、在廁所遭人潑水，那些宛如電視劇上才有的情節，都在日常生活中發生在我身上。

當時我心裡期待著「只要換班後，應該就有人會來救我」「只要換導師，應該就會發現我的情況」，但期待一直落空。我原本一直以為自己不善與人結交，都是因為周遭人的關係。

但來到中學二年級的某天，我的怒火爆發，引發了一起令周遭人不太敢再霸凌我的事件後，我得到一個大發現。

「沒人會幫我。既然這樣，那我就自己幫自己吧。」

產生這個念頭的那天，正是造就出讀心師DaiGo的起點。

確信**「只要自己採取行動，世界就會改變」**的我，學習了各種與現在有緊密關聯的知識，並經歷了實踐、失敗、重新來過，將有效果的行動轉為習慣，逐步改變自己。

對人際交往也是一樣。

自從了解「沒必要勉強自己配合他人」之後，我便開始研究**適合自己個性**

的拓展人際網絡（建立人脈、改善人際關係）方法，並加以實踐。

外向成功人士說的「人脈術」派不上用場

市面上常見一些建議人們建立人脈，或是教導如何改善人際關係的書籍，但看在我這種類型的人眼裡，就是很難接受。

因為他們不僅要人拓展人際交往的圈子，還**建議人們改變內向的個性**。

由個性外向的禮儀講師，或是專業的業務員開講的人際關係講座，說起來算是由沒有溝通煩惱的人在演說，無法打動有人際關係煩惱的人。

此外，個性外向的作者，就算傳授了「自己試過相當成功的人際交往習慣」，但個性怕生內向的人還是模仿不來。

就算很努力的嘗試，但不合自己價值觀的行動所帶來的改善效果終究只是暫時性，難以持續。

在心理學的研究下得知，**能察覺周遭人內心動向的能力，內向的人比外向的人來得高**。

詳情我之後會再說明，不過，愈是對外來刺激敏感的人愈內向，而外向的人因為對周遭的反應感覺遲鈍，所以才會表現積極。

當內向的人成為聆聽者時，會有很出色的溝通能力。因此，只要學會發揮其優點的技巧，就能成為一位懂得體察對方心理的可靠人物。

即便覺得自己不擅長與人來往，但只要學會合適的技巧，人際關係就會變得圓融。

換句話說，當**「拓展人際網絡的基礎思維」**與**「實用性的技巧」**組合在一起時，人人都能構築出可以拉抬彼此的人際關係。

本章將針對建立人脈和人際關係，列舉出已成為通論的**「五項誤解」**，以提出反對意見的方式，來解說拓展人際網絡的基礎思維。

首先，把你腦中對於人脈和人際關係的成見先拋向一旁吧。

誤解 1

如果沒有天生的魅力，就無法聚集人脈？

→ 拓展人際網絡是一種技術

我們從學生時代起，就一直曝露在「內向不好」的訊息下。覺得自己內向的人，應該都有過一兩次的經驗，聽一臉了然於胸的父母、老師、學長，提出「別怕生，要更外向一點」的建議。

然而，**拓展人際網絡真正重要的，並非天生的外向個性，或是吸引人的外表。**

就算是怕生、內向的個性，自覺有溝通障礙，但只要學會有用的技巧，情況便會改善。

美國賓州大學華頓商學院的亞當．格蘭特（Adam M. Grant）教授，他說自己是個「內向的人」，也針對外向者、內向者進行了許多研究。

比起外向的領導者，
內向的領導者更能有好的結果

教授是一位組織心理學家，年紀輕輕三十五歲就成了華頓商學院校史上最年輕的終身教授。

他在Google、華特・迪士尼、高盛集團（Goldman Sachs）、聯合國等企業和機構中擔任顧問。

這位格蘭特教授所從事的研究之一，就是**調查內向的領導者和外向的領導者，誰會對團隊發揮好的影響力**。

驗證的結果得知，**比起外向的領導者，內向的領導者更能帶來好的結果**。

外向的領導者會熱中於什麼事都

要自己操控，而自己卻對此渾然未覺，而且對別人的發言感到恐懼，傾向不讓其他人所想的點子有機會發揮。

而另一方面，內向的領導者有傑出的傾聽能力，會對成員的發言內容冷靜分析、判斷，傾向檢討出對團隊最有效率的方法。領導者的這種態度，提高了整個團隊的幹勁。

此外，在教授以推銷員為對象所做的研究中，也得知比起外向的人，內向的人**在對人的關係上能得到較好的成果**。

這項研究是對三百四十名推銷員進行性格測驗，將參加者分成「外向型」「內向型」「雙向型」三類。

附帶一提，所謂的雙向型，是特質介於外向型與內向型中間的一種人格。

之後對參加者的業績展開追蹤記錄，三個月後的結果如下。

・第一名：雙向型

・第二名……內向型
・第三名……外向型

雙向型的推銷員，**業績比內向型高出24%，比外向型高出32%**。

能言善道且強勢的外向者，遭人疏遠的理由

一般在銷售現場，積極的與人接觸，向人兜售的外向個性，往往給人會創下佳績的印象。

然而，格蘭特教授的研究卻給了不同的結果。

教授做了如下的分析。

「第一，外向型的推銷員看待事物，往往不是站在顧客的觀點，而是用自己的觀點。推銷需要自我主張和熱情，但這始終都必須奠基於顧客的興趣和價值觀。」

「第二，外向型推銷員往往會給顧客不好的印象。愈是熱情的談論商品的價值，愈會讓客人覺得是過度自信，太過激動。」

也就是說，**太過強勢的接觸，在銷售現場會造成反效果**。

這在人際關係上也是同樣的道理。

個性外向的人乍看之下能言善道、很吸引人，但其實對方覺得「他總是自顧自的說個不停，都不聽我說」，而就此保持疏遠，這種案例也不少。

不過，外向的人往往對周遭人的反應很遲鈍，所以對此不會在意，而能繼續採用同樣的溝通方式。

結果就算有人從自己身邊離去，外向的人還是能找到下一個肯聽他說話的熟人，來填補空缺。

這也算是一種拓展人際網絡的方法，但**稱不上能對彼此帶來正向影響的關係**。

內向的人欠缺的經驗值，能用技巧來彌補

這時候重要的不是「外向的人不好」「內向的人有問題」這類的觀點，而是**要藉由學會正確的技巧，而讓兩種傾向的人都能向雙向型靠近**。

一說到「人際交往的技巧」，或許有人會有點反彈，心想「感覺像是用一些小手段來欺騙對方」。

不過，愈是內向的人，學會這樣的技巧愈有好處。因為**內向又怕生的人，經驗值嚴重不足**。

我自己也親身經歷過，所以我很明白，不過，就算此刻下定決心，要對拓展人際網絡採取積極的態度，可還是不知道該朝哪個方向跨出第一步。

例如，當你遇到一位想好好結識的對象時，在說完「你好」後，就會在心裡想「接下來該怎麼做才好？」。

就算心裡再怎麼祈求「想要更接近他」，但只要不以對話和行動來表示，

一樣無法傳達給對方。

當你猶豫不決時，要是對方感到猶豫不決，氣氛變得尷尬，將會浪費彼此的時間，錯失機會。

如果沒先學好技巧，就直接闖進溝通的場面中，愈是有溝通障礙的人，愈會覺得人際交往是件苦差事。

因此，本書從第三章開始，會介紹根據心理學和行為經濟學所創立的技術。例如：

・解讀對方心理的技術
・第一次見面就讓對方敞開心房的關鍵句
・提升親密度的保持聯絡法
・讓人對你有好印象的對話結構

學會技巧並不是什麼卑鄙的行為。

如果你和我一樣是內向又怕生的人，技巧可以彌補你的經驗不足，讓自己有勇氣立足於需要溝通的場合中。

誤解 2

有連結的人數愈多愈好？

↓ 跨業交流會或活動的參加次數沒有意義

美國波斯頓大學的羅伯．克羅斯博士，針對**「業績好的社會人士」與「業績差的社會人士」拓展人際網絡的方式進行調查**。

這項研究成了解開第二項誤解的關鍵。

博士的研究長達四年以上，對四萬多名社會新鮮人展開追蹤調查。每個月檢視所有人的人際網絡大小以及工作情況，調查工作業績提升的人與沒提升的人之間的差異。考量到龐大的母數與漫長的時間，這是可信度很高的資料。

調查的結果得知，**像參加跨業交流會、公司內部喝酒聚會的頻率等等，原本人們以為會對拓展人際網絡有所助益的行動，大多都和成果沒什麼關係**。

從博士的研究中可以看出一種傾向，那就是**比起參加次數，在聚會中展開**

的交談以及之後維持雙方關係的做法，才會和工作上的業績有關聯。

業績提升，就此出人頭地的人們，其共通點有以下三個。

1．「業績好的社會新鮮人，以及業績不好的社會新鮮人，都一樣會參加集會或活動，但前者傾向會對遇見的人多方提問，引對方說出自己的要求，並說出自己能提供什麼。」

善於拓展人際網絡的人，感覺像是會出現在各種場合中，但其實並非是參加活動有什麼意義，而是參加的方式有其特色。

業績好的社會新鮮人，與會場上認識的對象談話時，不會展開像是推銷自己的交談。

先是多方提問，從中問出對方參加的動機、抱持什麼用意出席這個場合、秉性為人等，然後再告知自己能提供什麼。

相反的，業績不好的社會新鮮人則是會搶著先說自己的事，例如自己的身分、想做什麼、在怎樣的公司上班等等，因為與對方感興趣的事完全沒有重疊，所以僅止於寒暄、交換名片，沒能發展進一步的關係。

就像走進餐飲店，正準備吃牛排時，店家卻端出菜來說「這是您要的石鍋拌飯」。沒有會在點菜前就端菜上桌的店家。

就像這樣，突然講起自己的事，根本毫無意義。

而另一方面，若提問後再告知自己能做什麼，採取這種模式，則**對方會有「這個人或許能幫得上忙」「是個懂得看氣氛的人」這樣的印象，在活動結束後也會繼續保持關係**。

換句話說，有用的人際網絡會向外拓展，也會與工作產生連結。

此外，經過一再提問，累積經驗，**在對話方面的提問力與交涉力也會隨之提升**。

拓展人際網絡，重質不重量

2.「業績好的社會新鮮人，不會與自己部門的領導者建立緊密的關係，而是找尋特定的意見領袖，積極的和對方建立關係。因此，業績愈好的人，往往都隸屬於獨自的密切團體（後頭會提到）。」

重點有二。

一是與上司的關係。「工作的諮詢對象向來都是直屬上司」「上司邀一起喝酒，無法拒絕」，像這樣與上司過度緊密的關係，往往會造成思考模式和價值觀相近，妨礙個人的成長。

二是與身為指導者的公司前輩，或是從學生時代就備受關照的指導教授等特定導師（好的建言者）間的關係。

這方面如果也和上司一樣，處在依賴某特定導師的狀態下，則往往個人的成長會變得緩慢。

另一方面，業績好的社會新鮮人則會跨越部門的藩籬或公司內外的區隔，緊緊抓住展現成果的意見領袖（累積最多工作訣竅的人），積極的謀求溝通。

不過，**真正理想的人不是完全模仿意見領袖的思維和技術，而是要能配合自己的環境來更新**。

注目的焦點不是對方的地位、權力、財力，而是對事物的看法和技術，以這樣的觀點來拓展人際網絡，與各種領域的意見領袖接觸，這樣才能快速成長。

附帶一提，這裡所提到的密切團體，是以意見領袖為核心的一種「輕鬆而持續的關係」。

這與聽每週輪替的講師授課的讀書會或是短期往來便結束的跨業交流會不同。感覺像是個意見交換的小團體，能彼此發表從意見領袖那裡學到什麼，並配合各自的環境加以活用。

當業績差的社會新鮮人跟上司或同期們一起發公司牢騷的這段時間，業績好的社會新鮮人正在構築能成為一處學習場所的優質人際網絡。

人脈建立得好，九個月就能出人頭地，要是沒建立好，就得花上四十八個月

3.「業績好的社會新鮮人，往往每二至四年就會改變拓展人際網絡的手法。起初是與親近的同事建立關係，藉此成功的減少平均約18～24%的工作量。之後他們會跳脫出公司，與『擁有同樣價值觀，但專業領域不同的人』保持交流。愈是有能力的人，與不同領域的人交流的情況愈是常見，對短期的好處不會太在意。」

固定班底聚在一起是很快樂，不過工作上能展現成果的年輕人，往往會定期讓自己置身於全新的場所。

無法拓展人脈網絡的人
最多得花四年的時間
才能出人頭地

不是持續同樣的人際網絡，而是逐漸改變它。

說得明白一點，總是和同樣的人來往，能展現的成果有限。

附帶一提，與同事的親近關係會減少工作量的原因，是因為能請同事支援一些單純的工作。

這給人一種奸詐的印象，不過，藉由同事的協助，而空出的時間，會用來拓展與外部人士的人際網絡。

他們投入的往往都是透過嗜好認識的社群。在那裡能獲得公司內得不到的資訊，就此拓展與不同領域人士之間的交流。

在羅伯．克羅斯博士的研究中也特別提到，**有辦法拓展這種優質人際網絡的社會新鮮人，最短只要九個月就能出人頭地**。

相反的，這三項共通點**沒有一項能做到的社會新鮮人，最長得花上四年的時間，才能升官**。

拓展優質的人際網絡，不光會磨練你的能力，也會讓更多人覺得「這個人不錯哦」，而肯給你機會，有其特別的效果。

博士的研究團隊指出，這樣的結果有助於提早出人頭地。

誤解3

要構築人脈，得花費時間和精力？

↓

祕訣是五分鐘就做出判斷

人際關係方面的煩惱，大多與如何看清對方有關。

今後是否應該和認識的這個人繼續深交呢——。如果不能巧妙的做出判斷，則隨著人際網絡一再拓展，和你有交流的人將會愈來愈多，品質也隨之下滑。

而愈是沒有和人往來的經驗、個性內向，且自認有溝通障礙的人，往往對於看清對方一事愈是謹慎。

不過，要構築優質的人際網絡，是否需要花費時間和精力才能看清對方呢？

關於這個問題的答案，請容我介紹前面提到的亞當．格蘭特教授用來讓人際網絡能順利拓展的**「五分鐘規則」**。

教授在他暢銷全球的著作《GIVE&TAKE（給予：華頓商學院最啟發人心的一堂課）》（平安文化）中提倡「給予的人才會成功」這樣的想法。

世上的人際關係，是由**Giver（給予者）**、**Taker（索取者）**，**以及Matcher（互利者）所組成**，到底哪個屬性的人才容易成功呢？

詳細內容請參考《GIVE&TAKE》，而結論是**「以短期來看，索取者有利，但以長期來看，給予者才會成功」**（附帶一提，互利者往往都不會多成功，也不會太失敗）。

不過，教授分析，給予者可分成兩種，分別是頂端給予者和底層給予者。他還指出，底層給予者無法看清對方，不看對象是誰，一律都將自己所擁有的知識、資訊、資產賜予對方，最後導致展現不出成果。

相反的，頂端給予者會自行判斷在人際網絡中該如何給予才對，建立更好的人際關係，藉此一步步走向成功。

該如何給予才能成為頂端給予者，五分鐘規則能助我們看清情況。具體來說，只有在滿足以下條件時，才要向對方展開行動。

- **會為對方帶來好處的機會就在眼前**
- **如果五分鐘以內能辦到，就馬上去做**

沒必要刻意四處找尋可以接受你幫助的人。

不論是已經有往來的人，或是當天才認識的人，只要覺得「他有我能幫得上忙的地方」，就要確認自己是否能在五分鐘內做到。

如果認為自己辦得到，就馬上展開行動吧。

重點在於**條件完備後，就要馬上行動**。

如果隨便答應別人的請託，用一句「我會先做」，就此攬下工作，則隨著時間經過，會變得愈來愈麻煩。

人的行動與思考的三種類型

GIVER（給予者）

不求回報，不吝惜給予的類型

→短期看起來不利，但就結果來看，容易成功

MATCHER（互利者）

會考量得失，想讓施與受能得到平衡（取得雙方平衡的人）

→往往不會多成功，或是太失敗

TAKER（索取者）

先以自己的利益為優先

→短期看起來有利，但結果容易失敗

而且攬下工作的事實仍舊留著，會造成心理上的壓力，會想和之前開口請託的人保持距離。

關於這點，五分鐘規則會現場給予五分鐘內能辦到的事，所以不會造成心理上的負荷。而接受幫助的對象，會在心裡留下「接受過別人幫助的印象」。

此外，因為有兩個明確的條件，所以就算是沒什麼和人交往的經驗、個性內向、自認有溝通障礙的人，一樣可以毫不猶豫的展開行動。**能用短短五分鐘來掌握拓展人際網絡的契機**。

得到幫助的人心裡的**「互惠原則」**會產生作用，而想要回報對方，所以能構築出有價值的關係。

對照「五分鐘規則」，成為給予者

附帶一提，在時間方面，就算不是五分鐘，而是三分鐘，那也無妨。重要的是**先明確的訂立標準**。明確性能成為助力，促成行動。

如果花費的時間有可能超過五分鐘以上，就能做出「拒絕」「不能承接」的判斷，所以不會失去過多自己的資源。

「這個人對我來說，或許是個有幫助的人？」

「這時候先承接，或許日後會有很大的利益？」

如果像這樣，對遇見的每個人都想用衡量得失的索取者觀點來構築人際關係，則不光會花費時間，也不得能獲取長期的成功。

和對方是怎樣的人無關，只要對照五分鐘規則後覺得沒問題，就用你手中的資源給予吧。

當中或許有的對象完全沒給回報。但就算這樣也無妨。

只要你像頂端給予者一樣採取行動，日後一定能拓展出好的人際網絡。

誤解 4

內向又口才不好的人，不擅長與人往來？

↓ 內向的人更能建立緊密的關係

一般人都說，內向的人不擅長與人往來。

拿起這本書的你，可能在某種形式上有人際關係的煩惱，對自己的溝通能力感到不安吧？或許還覺得「我很內向」「我可能有點溝通障礙」。因此，請在以下的提問中檢查看看你符合幾項。

□在安靜的環境下最能發揮能力。
□每次遇上人多的聚會，就會要自己一個人獨處，或是需要和自己信任的人一起共度的休息時間。
□為了充電，貯備能量，絕少不了自己獨處的時間。
□在說話前想先思考一下，所以在發言時，希望能先做好萬全的準備。

□常會在心中自言自語，所以在辦活動或做決策時，常會陷入沉思。
□人們會說你很文靜。
□在開放空間的辦公室特別損耗精力，所以會探尋可以藏身的安靜場所。

這是根據心理學研究者認定是內向型特性的要素所製作的「調查你是否內向的自我診斷測驗」。如果**半數以上的提問都符合，便可算是內向型的人**。

說話回來，所謂的內向指的是何種個性呢？

深植於一般人心中的印象是「不太會和人說話的人就是內向」「站在眾人面前很搶眼，能巧妙的完成表演或演說的人就是外向」。這些表面的特徵都吻合。

不過，**心理學上認定的內向者與外向者之間的差異，在於「對外來的威脅有何種反應＝反應性」**。

內向的人＝對外來刺激敏感的人

以內向性與外向性的研究作為畢生職志的美國發展心理學家傑羅姆．凱根（Jerome Kagan）教授，他說**「內向的人屬高反應，外向的人屬低反應」**。凱根教授以小孩子為對象展開的調查，顯示出容易看出高反應與低反應之間差異的實例。

在調查中所進行的實驗下，教授威嚇孩子們，讓他們觸摸陌生的東西。每當沒見過的動物或奇怪的玩偶靠近時，有一部分的孩子會揮動雙腳，或是放聲大哭。

而另一方面，有些孩子不管讓他們看什麼，也都只是轉移視線瞄一眼，或者是笑一下，完全不為所動。

遭遇陌生的事物時，有些孩子會大哭大鬧，做出強烈反應，這種「高反應」的孩子長大後會變得內向，而對外部刺激「低反應」，不為所動的孩子，則會變得外向。

換句話說，**所謂「內向的人」，是對外來刺激很敏感的人**。

因此，與對外來刺激很遲鈍的人（外向的人）相比，他們不做有挑戰性的選擇，珍惜已知的事物。這種傾向往往被認為在拓展人脈或人際關係上會帶來負面的影響。

然而，沒必要為此悲觀。

因為根據最新的心理學研究逐漸得知，**內向的人反而有能力構築深厚的人際關係**。

關於社交技能，美國的富蘭克林．馬歇爾學院舉行了一項實驗。

事前針對配合的學生們，調查他們的溝通水準後，選出八十六名回答「不擅長與人對話」的學生，請他們參加實驗。

研究者們向這八十六人出示二十四張大頭照，並下達指示「請猜猜看照片中人物是什麼情緒」。

不過，在下達指示前，先做了兩種不同的說明，分別是「這是測試社交技能的測驗」「這是一般常識的測驗」。

實驗結果如下。

・受測者以為「這是測試社交技能的測驗」而參加實驗時，得分會比擅長社交的人所獲得的平均分還差。

・受測者以為「這是一般常識的測驗」而參加實驗時，得分會比擅長社交的人所獲得的平均分還高。

也就是說，只要一注意到這是測試社交技能的測驗，覺得「我不擅長與人對話」的學生們便無法發揮實力。

可如果認為這是一般常識的測驗，就能猜出照片中人物的情緒。

從這個結果中得知，認為自己不擅長與人對話的人，**社交技能並不低，反而還具有看出對方情緒的過人能力**。

但因為拓展人際網絡的經驗值太低，以及認為自己不擅長社交的意識太強烈，因而無法發揮天生的溝通能力。

只要發現自己有「我不擅長社交」這樣的負面偏見，學會必要的對話技巧，採取消除不安的方法，就能輕鬆跨越這道障壁。

就算是第一次見面，只要多留神，之後還是內向的人比較有優勢

對於內向又怕生的人，他們的談話對象都是如何看待呢，有人對此展開觀察研究。根據其研究資料得知，對方只有在初期段階會覺得怪。

等到見面次數超過三次以後，就不會去在意對方的外表或說話方式，而與外向的人、善於對話的人、親和力夠的人之間的差異，也會一口氣縮減許多。

換句話說，覺得自己內向、口才不好、有溝通障礙、不擅長人際關係的人，**只要學習第一次見面不讓對方感到不悅的技巧，加以實踐，多累積經驗，就能克服這道障礙**。

見面超過三次以後，就不會在意對方的外表或說話方式

對方只有在初期時會覺得內向的人有點怪

包含以前的我在內，內向的人之所以會對和第一次見面的人聊天感到排斥，是因為不懂一開始該聊什麼，該拋出怎樣的話題，才能與人展開溝通。

這完全是**知識與技術的問題**。

只要加以學習嘗試，視對方的反應來修正，推動這樣的「PDCA」（Plan計畫、Do執行、Check評價、Action改善），就能弭平與外向者之間的差距。

非但如此，**學會技巧的內向者，甚至能在人際關係上處於優勢**。

因為內向的人有很優異的共鳴能力，能察覺出對方的感受。而察覺出對方情感的能力、解讀現場氣氛的能力，是難以靠訓練來成長的能力，但溝通能力能靠知識、技術、實踐來成長。

認為自己內向、口才不好、有溝通障礙的人，往往都是因為共鳴能力和觀察能力強，所以容易多慮，對拓展人際網絡過度感到不安。

「如果能將內向的個性變得外向的話，就會一切順利」，這是毫無根據的想法。外向的個性和內向的個性，各自有其強項和弱項。

換言之，**「只要活用強項，就會一切順利」**才是心理學上最合理的想法。

誤解5

就算拓展人脈，也不見得能變得幸福？

於公於私，幸福感都會大幅提升

「只希望自己得到好處」，滿腦子想的都是衡量得失，別有居心的建立人脈，就算短期內能展現成果，但以長期來看，絕不會造就出幸福的人生。

舉例來說，你為了促成業務上的計畫成功，而刻意接近客戶方的關鍵人物。

平日晚上為了招待，而陪對方一起用餐，週末一起打高爾夫球，因為洗三溫暖而揮汗如雨，這樣會發揮「單純曝光效應」的作用，感覺彼此變得很親近。

但事實上，對方也在腦中想「既然他都這麼賣力了」「既然他這麼不惜成本」，而會希望你能在業務上替他開方便之門。

不過，你和關鍵人物之間的關係，始終都是因為工作，是為了推動計畫而建立的關係。

當然了，一旦計畫結束，雙方就會疏遠，就算日後有機會重溫舊情，但要是其中一方離開了原本的公司，這層關係也會就此中斷。

加拿大的多倫多大學於二〇一四年進行了一項耐人尋味的調查。對象是三〇六位商務人士。

在該項調查中，請受測者想像在以下兩種狀況下拓展人際網絡的場面。

・為了促成工作而拓展人際網絡的場面

・為了交朋友而拓展人際網絡的場面

試過之後，想像自己以工作為目的來拓展人際網絡的小組，之後他們的道德感會在無意識中下滑。最後出現對建立人脈感到卻步的一種傾向。

根據這個結果，研究團隊指出**「衡量得失，只追求自己能得到好處，以**

此來建立人脈，恐怕會對心理造成不良影響」，並提倡**「就算是為了工作而建立人脈，也要從中摸索出能彼此互利的關係」**。

換句話說，**牽扯了工作和得失的人際關係，會對心理帶來傷害**。中長期下來，人們會對拓展人際網絡感到卻步，也對個人交友感到排斥。

職場上有三位朋友，人生的滿意度就會上升96%

只要了解原因，就能加以避免，而建立更好的人脈。

就算是工作上的人際關係，只要想建立中長期的關係，**就要思考自己能提供什麼好處，並時時記得保持平衡，讓彼此能展開對等的交往**。

人際關係原本就不是一次沒見面就結束了。不會因為工作中斷就一切歸零。

只要建立對等的關係，每次見面都無關得失，便能重新構築彼此的情誼。

如果雙方是非得接待不可的關係，那就要認清「這個人是為了計畫而短期

拓展人際網絡具有
讓你擁有幸福人生的力量

來往」，以此來對應。

所謂彼此互利的關係，簡單來說，就是**「交朋友」**。

詳情我會在第四章介紹，不過二○○四年，美國的輿論調查機構蓋洛普公司，以五百萬人的龐大人數為對象，展開**「朋友對個人帶來的幸福度」**的相關調查。

根據這項調查得知，**職場上只要有三位知心好友，人生的滿意度就會上升96%**。也就是將近兩倍之多。

同時**對自己薪水的滿意度也會上升２００％**。雖然與實際情況沒什麼差異，但與覺得自己「沒朋友」的同事相比，對自己的待遇會有高出三倍的滿意度。

此外，有數據資料指出，覺得自己在職場上有好朋友的人，工作的幹勁會大幅提升，生產性也會跟著提高。

幸福度由個人的主觀決定，所以**改變你的人際關係，會直接影響你的幸福**。

拓展人際網絡與建立最佳人脈、改善人際關係有密切的關聯，它具有帶給你幸福人生的力量。

也許你會認為「長大成人後才要交朋友，實在很困難……」。

這種感受我懂。的確，學生時代有許多的時間和活動可以共有，很自然的就結識許多志同道合的夥伴，和成人後不一樣。

不過，從下一章開始，我將傳授各位**「拓展人際網絡的思維」**與**「實用的**

心理學技巧」，只要搭配使用，就能構築出讓你人生的幸福度大幅提升的人際關係。

你需要的是**起身行動，擁有一點點改變的勇氣。這會讓你改變對周遭的看法**。

請放心。就像我也能改變一樣，你也能改變。

事實上，改變已經開始。

從你看完這一章的「五項誤解」後，你對人脈和人際關係的五項通論的看法，應該已經有明顯的改變才對。

第2章

為你帶來幸福的「拓展人際網絡」究竟為何？

知道自己應該視為目標的人際網絡理想形態

本章會為**你應該視為目標的人際網絡理想形態下定義**。

你的周遭是否有為了「無法在職場上建立好的人際關係」而苦惱的人呢？可曾有朋友向你諮詢戀愛問題，坦白告訴你「沒機會認識對象」？

我想，這種時候很多人都會不知該如何回答才好。因為要改變這樣的狀況，當事人自己的覺悟和行動不可或缺。

說出真相的實話，往往聽起來刺耳。如果不是對方和自己關係很親密，一定不想冒著被討厭的風險，親自去告知這種事。

但我因為共鳴能力低，所以也不管對方是否和我關係親密，都會毫無顧忌的在對方面前指出真相。

本書也一樣，對於「無法建立好的人際關係」「沒機會認識對象」，為此苦惱的人，我不想用好聽話哄你，只想告訴你真相。

「無法建立好的人際關係」「沒機會認識對象」，對這些煩惱的處置方法，只有改變環境。

如果在職場上諸事不順，那就必須採取行動，讓自己置身在不同的環境下，例如提出部門調動的申請、轉行改變職場、投入嗜好的社群等等。

如果完全不採取行動，只會感嘆「無法建立好的人際關係」「沒機會認識對象」，那就像每天在中華料理店吃特餐，然後抱怨「怎麼都不推出義大利料理」一樣，愚不可及。

如果想吃義大利料理，就去義大利餐廳。

不過，去了義大利餐廳，會不會對他們端上桌的料理感到滿意，這可難說。

為了遇見好吃的義大利料理，必須上網搜尋有沒有自己想吃的菜單，調查人們口耳相傳的評價，做好事前準備。

拓展人際網絡也是一樣的道理。

就算你改變了自己，發起改變環境的行動，可要是沒掌握人際關係和建立人脈的重點，將會再度陷入「無法建立好的人際關係」「沒機會認識對象」的苦惱中。

重要的是得先掌握好自己應該視為目標的人際網絡理想形態。

- 該和怎樣的人來往，人生才會逐步好轉？
- 該和怎樣的人交朋友才好？
- 採用怎樣的來往方式，才能拓展好的人際網絡？
- 想要結交一輩子的朋友，該怎麼做才好？
- 該採用何種思維，才會減少人際關係的煩惱？
- 不會有壓力的人際網絡，規模是多大？

這些問題的答案及搭配方式，都有一套科學根據。

思考自己的人脈網絡理想形態

●結交的對象

- 該和怎樣的人來往，人生才會逐步好轉？
- 該和怎樣的人交朋友才好？

●結交方式

- 採用怎樣的來往方式，才能拓展好的人脈網絡？
- 想要結交一輩子的朋友，該怎麼做才好？
- 該採用何種思維，才會減少人際關係的煩惱？

●結交的規模

- 不會有壓力的人脈網絡，規模是多大？

重要的**不是成功人士的經驗談或體驗談，而是要知道樣本數的可靠資料，選擇適合自己的方法**。

唯有掌握住方法，才能活用從第三章開始介紹的拓展人際網絡的技巧和思維。

拓展人際網絡的手法，會配合個性而改變

和怎樣的人來往才容易成功，這會因個性而異。

有人因為朋友多而成功，也有人因為朋友少而成功。這背後也有其原因，**只要先理解自己是屬於外向型還是內向型，然後採取適合的方法，這樣就能對應**。

例如像我這種不善與人往來，且很難交到朋友的類型，只要能結交極少數的知心好友，就能保有良好的人際網絡。

事實上，我的朋友確實不多。

但我在第三章介紹的「超級人脈王」朋友，以公司成員的身分參與我的公司。和她一起共事時，總會遇見以我的常識無法想像的情況。

前些日子我們參與某個活動的演出，我和她一起走在鬧街上時，一位全身長滿肌肉，不輸摔角手的黑人男性，開口跟我們打招呼說「Hi, How are you？」。

「我沒有黑人朋友啊？」我當場一愣，一旁的她則是面帶微笑的和對方聊了兩三句話，兩人淺淺的相擁，之後男子便離開了。

「剛才那是妳朋友嗎？」我問，「是以前我去非洲時認識的朋友！」她說。附帶一提，她的英語能力，只有足以應付旅行的會話水準。

儘管如此，卻與旅途中認識的那位以英語為母語的黑人男性締結了人際網絡。

內向又怕生的人，不管再怎麼運用技巧，也學不來她這種拓展人際網絡的能力。

像這種時候，只要改想其他方法即可。

即便我朋友不多，不過每一位都像她一樣，是超級人脈王。

後來在某次的機會下，我想到「要向母語是英語的黑人男性詢問意見」，因而向她拜託道「可不可以介紹之前那位先生給我認識？」。

也就是說，**藉由與超級人脈王的連結，我得以從自己那些少數朋友的身後，去認識他們眾多各類型的朋友**。

另一方面，推動各種計畫，頻繁的相互聯繫的公司成員，基本上也都是由**志同道合的少數幾名朋友**組成。因為這對我來說，是沒有壓力的人際網絡。

當然了，如果是喜歡和不特定多數的朋友一起熱鬧的人，自有其適合的拓展人際網絡的方法。

重要的是**別自己認定「一定是這種做法！」「這種思維才對！」**，要懂得**彈性的因應**。

如果沒抱持這樣的觀點，內向的人模仿因個性外向而成功的人所用的人際網絡拓展法，將無法得到自己想要的成果，而陷入對人際關係感到厭倦的狀態。

這就像事前沒確認是一字的螺絲，就想要以十字的螺絲起子強行轉開，結果鑽毀了螺絲孔，這才氣憤的喊道「為什麼轉不開！」。

明明原本就用法不合，卻又硬要加以施行，這樣只會招來「為時已晚」的事態。

重點是「進一步擴展」選擇用的基礎

有句話叫「適材適所」，同樣的，本書所介紹的技巧，其適合的個性、能發揮的場面也都不同。

請別想著要全部同時施行，**先從覺得「第三章的這個和第四章的這個，好像很適合我」的部分開始嘗試**。

不過，與個性和環境的差異無關，有個拓展人際網絡的規則，我希望各位

留意要比現在更進一步
擴展人際網絡的基礎

能先牢記在心。

那就是**留意要比現在更進一步擴展基礎**。

「我的朋友很少」，這件事我已經說過很多遍了，不過，我因為工作和個人私事所接觸的人，比一般人還多，而且每個人都是不同的屬性，範圍相當廣泛。有經營者、藝人、學者、運動員等，形形色色皆有。

如果我是外向的類型，應該就會和各種業界的人們積極的來往，將自己塑造成超級人脈王的角色。

可這種路線不合我的個性，早晚

會因為太過勉強自己而厭倦。

因此，我會從認識的眾多人當中，以覺得「就是這個人！」的對象，以及彼此志趣相投的對象為軸心，打造一個小小的人際網絡。

感覺就像將這個基礎略微擴大，從中發掘少數的朋友。

有人是認識五十個人，從中結交五個朋友。有人則是認識十個人，從中決定五個要結交的朋友。前者與後者在朋友的「質」這一點上，大不相同。

這就是我說應該要留意略微擴展基礎的原因。

與個性內向、外向無關，製造機會認識各種人，在拓展人際網絡上，可說是一定得付出的努力。

比現在更進一步擴展基礎後，再以適合自己個性的形式來做選擇取捨。

學會這樣的技巧，拿出勇氣來決定和什麼人結交，不和什麼人結交，逐步構築自己的人際網絡吧。

我們會和身邊人們的屬性愈來愈相近

不過，雖然略微擴展了基礎，但**要是和許多人展開廣泛不深入的結交，並無多大意義**。

若不在自己心中定下「想和怎樣的人來往」「想和怎樣的人一起共事」等基準，就會偏離主軸。

到時候，個性外向的人會變得八面玲瓏，一發不可收拾，而個性內向的人則容易阻絕外面的世界，變得孤立。

如果想建立最佳的人際網絡，**首先要定好自己一套拓展人際網絡的基準**，此事不可或缺。

因為清楚明確會成為助力，幫助行動推展。

舉例來說，如果你期許自己「我不擅長擬定計畫，又愛偷懶，希望能加以改變」「想結交個性積極的朋友」，那就找尋與自己想像中的理想形象很相近的人，主動接近對方吧。

二〇一三年，美國的杜克大學進行了三項實驗，結果得知，**自制力低的人，如果和自制力比他高的人一起相處，抵抗誘惑的能力就會增強**。

自制力是在發揮專注力和控制欲望時，不可或缺的能力，與達成目標息息相關。

當然了，也能藉由鍛鍊自己來提高它，不過實驗證明，只要改變來往的人，自制力便會自然提升。

「我是個難以抵抗誘惑的人」

「我的專注力無法持久……」

抱持這種煩惱的人，可藉由改變人際關係來改善這種狀況。

此外，**自制力與長期的人生成功關係緊密**，所以結識自制力高的夥伴，以此拓展人際網絡，自己成功的可能性也會隨之大幅提高。

如果想提高自制力，就要選擇你認為「這個人的專注力特別強」「充滿幹勁時，決斷力驚人」「那個人抗拒誘惑的能力很強」的對象，主動接近對方。

這也是在你能力所及的範圍下，從最大的基礎中選出。和這樣選出的夥伴一起相處，你本身的自制力也會跟著提升。

結交後會帶來不良影響的人，其特徵為何？

相反的，不能結交的對象，是以下這幾種類型的人（遠離「麻煩人物」的技巧，在第五章會特別詳述）。

- 總是說好聽話，甜言蜜語的人
- 對別人嚴格，對自己寬容的人
- 沒有合乎邏輯的根據，說起話來感情用事的人
- 不問緣由就擅自決定，隨意判斷事物的人

有這種傾向的人，自制力低，與他們相處，會對你帶來負面影響。

和自制力低的人結交

和自制力高的人結交

在居酒屋的桌位一邊喝酒，一邊聊著「這次的決定也是無可奈何啊」「都是上司不好」，互相取暖的上班族團體。或者是占據咖啡廳內一隅，大談某人壞話的女人聚會。

如果加入這樣的人際網絡，配合他們聊這種話題，則自己也會在不知不覺中自制力下降，陷入負面循環中。

相反的，**如果置身在自制力高的夥伴中，就能彼此切磋琢磨，構築出相互刺激，日漸成長的關係**。

此外我們也得知，如果建立良好的人際關係、努力維持，壽命更會隨之延長。

美國楊百翰大學的研究團隊指出，**孤獨的人如果成功拓展人際網絡，獲得充實的人際關係時，壽命將會延長十五年**。

換言之，比起戒菸、戒酒、健康的飲食習慣，人際關係對健康的壽命帶來的影響更大，這是他們提出的見解（詳情會在第四章介紹）。

結交的同伴是人生中很重要的要素，遠超乎想像。

藉此機會，你不妨也試著客觀的省視自己周遭的人際關係。

並請試著想像一下，該怎麼做才會更喜歡自己，要結交怎樣的同伴比較好。

於公於私都能使用的技巧

你是否認為建立工作的人脈，與個人的人際關係改善法，是不同的兩件事呢？

兩者都是待人的技能，該做的事其實都一樣。

因此，長時間下來「明明建立工作上的人脈很順利，但個人的人際關係卻諸事不順」「建立工作上的人脈很不順利，但個人的人際關係卻很順利」，像這種情況少之又少。

處理得順利的人，兩邊都會很順利，而處理得不順遂的人，則兩邊都會停滯不前，這是很自然的事。

因為要分別因應工作上認識的人與私下認識的人，完全切換不同的對應方式，我們的大腦尚未進化到這種地步。

反過來說，**我在第三章以後要介紹的技巧，不論對工作上還是對個人，都能派上用場**。

沒必要將兩者分開來思考，對拓展人際網絡的正確思維以及適切的技巧，在這兩種場面下都能成為你的助力。

而在第六章，我會針對**讓人們自動靠近的迷人魅力**展開深度探索。

一聽到「魅力」，人們似乎往往會認為這是與生俱來的才能，但這種個人魅力其實同樣只要了解它的思維，並學會技巧，**後天一樣能練就**。

在第六章，包含了這方面的訓練在內，我會介紹具體的方法，讓你成為眾人自動向你靠近，周遭人都想和你「建立關係」的人物。

一旦學會拓展人際網絡的思維和技術，提高個人魅力後，就不會再害怕討人厭了。

因為就算某人討厭你，你仍舊和更好的某人保有良好的關係。而這項能力最後會促使你自立，不再依賴他人，幫助你自由的面對人生。

根據一份幸福度的研究，**我們覺得最幸福的時刻，就是「覺得能自己能掌控自我人生」的時候**。

要建立沒壓力的人際關係。

能照自己的意思去選擇自己周遭的人脈。

這會與「認為是自己在掌控自我人生的感覺」緊密連結，讓你的幸福度隨之提升。

拓展人際網絡的成功，會提高自制力之類的個人能力，提升幸福度，就連健康狀態也會一併改善。

換言之，**充實的人際關係是通往幸福的最快捷徑**。

第3章

與「超級人脈王」連結的技巧

為你的人際網絡帶來戲劇化改變的關鍵人物

在第二章中，我對你應該視為目標的拓展人際網絡的理想形態做出定義，並介紹加以實現的思考方式。

具體來說，我建議先增加認識的人數，略微擴大基礎後，再配合自己的個性和目標，決定結交的對象。

而另一方面，我在前面也提過，就算一味的參加讀書會或跨業交流會，也很少會因為認識什麼人物而帶來多大的助益。

「DaiGo，那我到底該怎麼做才好？」或許有人會這麼想，請你放心。

本章將**針對會對你的人際網絡帶來戲劇性改變的關鍵人物做出定義，並介紹如何與他們認識結交的四個技巧**。

關鍵字是**「超級人脈王」**。

要鎖定超級人脈王，建立連結，如此一來，你心目中理想的人際網絡便會

極為擅長
將人們串連起來的超級人脈王

朝實現之路邁進。

關鍵人物的超級人脈王，簡單來說，就是人面廣的人。**橫跨職業種類、年齡、地區、嗜好等不同類型，與形形色色的人都有連結的這類人。**

擁有許多朋友、熟識，而且有意願認識新朋友，並持續展開行動。

這些超級人脈王大多在與人結交方面擁有過人的才能。

舉例來說，在拓展人際關係上，覺得最麻煩，而且實際會造成心理障礙的，是與認識的人們維持聯繫關係。

英國的人類學家羅賓．鄧巴教授，提出**「我們能保持親近關係的對象，人數上限是一百五十人左右」**的說法。

這個上限數人稱**「鄧巴數」**，常被當作擁有一定可信度的「顯示人際關係規模極限的標準」來使用。

假設持續與一百五十人維持聯繫的話……像我這種不善與人結交的類型，一定會感到厭煩。

但有人天生就善於營造人際關係。

他們對於維持關係一點都不引以為苦。反而還會很高興的說一句「好久不見了！」，主動與人聯絡，互道彼此近況，主辦飲酒會、派對、聚會，安排直接見面的機會。

就一般人的感覺來說，如果想向久沒聯絡的人請託，會很難開口。

但超級人脈王會毫不猶豫的馬上聯絡，開口請託。這算是一種才能，是磨鍊自己特性的成果。

天生個性就善於構築人際關係，而且刻意讓這項能力成長的人，才能成為

超級人脈王。

超級人脈王知道討人喜歡的要訣

超級人脈王的厲害之處，就是**記得認識的人名字、頭銜這類的個人基本資料，以及對方擅長什麼、喜歡什麼**。

當別人來向你請託的事，是你擅長或喜歡的內容時，是不是會覺得有點開心呢？

超級人脈王會毫不猶豫的和久未見面的對象聯絡，而且就算開口請託，也不會被人討厭，因為他們巧妙的掌握了這樣的心理。

・打電話給嗜好是到處吃美食的人，告訴對方「我有一位從事電視臺相關工作的朋友，正在〇〇區找尋好吃的餐飲店，你要是有什麼不錯的資訊，可不可以告訴我？」

・寫E-Mail給喜歡到歐洲旅行的人「這次我朋友要去佛羅倫斯，請告訴我推薦的景點」。

・請在IT相關領域創業的人與朋友面談「我有一個朋友想從別的業界轉來IT業界，你可以給他個建議嗎？」

自己擅長或喜歡的領域，如果有人來請託幫忙，便會覺得自己的存在意義獲得認同。只要追求認同的欲望得到滿足，就算為對方奔忙，也不覺得苦，甚至還會覺得開心。

所以**超級人脈王會站在委託人與受委託人中間，兩邊都很感謝他**。

而且這時候會向雙方說「日後要是有什麼困難，可以跟我聯絡，不用客氣」，撒下持續保持關係的種子。

將超級人脈王加進人際網絡中吧

「我當不了超級人脈王……」用不著這麼悲觀。因為**我和你都沒必要成為超級人脈王**。

在拓展人際網絡，為人生帶來幸福時，應該留意以下幾點。

「知道有超級人脈王的存在。」

「不是努力讓自己變成超級人脈王，而是努力與超級人脈王建立連結。」

本章的目標，是**在工作、嗜好、人生煩惱的諮詢、居住地的生活等，你認為重要的各個領域上，都能與超級人脈王建立連結**。

技術相關的超級人脈王、醫療相關的超級人脈王、法律相關的超級人脈王、擁有國外人脈的超級人脈王……。

假設你親近的人數為鄧巴數的十分之一，也就是只有十五人，但只要當中有五人是超級人脈王，就**有許多可靠的人等在他們身後**。

傷腦筋、苦惱、想找人商量時，能請他們介紹合適的人選，這可說是最棒的狀態了。

本章會談到如何尋找出沒在聯誼、公司的喝酒聚會等身邊的場合中，就**存在於你四周的超級人脈王之方法，以及接近他們的基本策略**，歸納出以下四個技巧。

❶使用「人際網絡地圖」來尋找
❷以「重新連結」來重新建立關係
❸以「最適合的接觸次數」來縮短距離
❹以「正向八卦」來提高親密度

如果能和超級人脈王搭上線，能認識別人的母數將大幅提升，而且會加深與有用的人之間的連結。

換句話說，不論是於公於私都應該結交的人物，就是超級人脈王。

與超級人脈王
建立關係的四個技巧

❶人際網絡地圖

❷重新連結

❸最適合的接觸次數

❹正向八卦

技巧1

使用「人際網絡地圖」來找尋

第一個技巧，是**找出超級人脈王在哪兒的方法**。

超級人脈王的特徵是社交範圍極廣。因此，如果一時之間想不出身邊有符合的人選，那也沒關係。

只要明白找尋方法，要遇上超級人脈王絕非難事。你只是沒發現而已，他其實就在我們附近。

如果遇見了超級人脈王，但覺得「就是不對盤」，也不必刻意加深彼此的關係。因為只要再找別的超級人脈王就行了。

找尋方法的技巧有二。

一是所謂的**找出「野生超級人脈王」的方法**。

超級人脈王基本上很喜歡邀別人一起參加餐會、派對、聚會，對象有朋友、熟人、朋友的熟人、熟人的朋等。

因此，請找尋「愛向人邀約的人（超級人脈王候選人）」。

例如在客戶的介紹下參加的聚會，或是透過熟人牽線參加的活動上，不妨向現場的人們詢問「您今天和誰一起來？」「有其他您認識的人嗎？」。

問了幾個人之後，就會發現現場找來最多人的是誰，那個人就是超級人脈王候選人。再來只要說一句「可以幫我引薦一下嗎？」對方應該不會拒絕才對。

「超級人脈王的人脈會呈樹狀擴散開來，所以在會場上打聽，就能找到當事人」。

就算是在派對或活動會場會怕生，常當「壁花」的人，也請把這想像成是個找尋超級人脈王的遊戲，開口問一句「今天您是和誰一起來呢？」「我想和他交朋友，可以幫我引薦一下嗎？」。

「面對面時該說什麼才好……？」「就算建立了連結，但我或許沒什麼可提供給對方的……」先暫時先放下這些多餘的擔心。

以感覺來說，請把這當成一場戀愛模擬遊戲。

玩遊戲時，總不至於有「像我這樣的人，或許會被討厭」的想法。

有好幾名女主角候選人會登場，如果不行就算了，頂多就只是回到前一個場景。即便在派對或活動會場丟臉，事後過了也就沒事了。

首先，為了知道**人稱超級人脈王的那些人是何種類型**，就先展開行動吧。

和誰相遇、由誰介紹、介紹給誰

另外還有一個**從你已有的人際網絡中重新發現超級人脈王的方法**。

請先備好較大的記事本，例如A4大小的筆記本。畫兩條縱線，將記事本分成三等分。從各個方框內的最上方，由左到右依序寫下「貴人」「中間人」「連接者」。

・在「貴人」的方框內，寫下你認為重要的人物名字

從現在的人際關係中，寫下所有你覺得「很重要」的人物。親密的熟人、工作上的重要人物、靈感來源的人物等，只要是在覺得「重要」的範圍內，寫再多人都無妨。

・在「中間人」的方框內寫下介紹貴人給你認識的那個人名字

居中介紹，讓你和重要人物認識的那個人名字，就寫在一旁的方框內。如果是你自己前往參加活動而認識彼此，那就寫「自己」。

・在「連接者」的方框內，寫下經你介紹而認識貴人的那個人名字

當你介紹重要人物給某人時，對方的名字要寫在最右側的方框裡。如果沒向任何人介紹，就保持欄位空白。這個欄位是用來了解自己以「中間人」的身分做了什麼舉動。

這是美國凱洛格管理學院的布萊恩．亞基教授所提倡的**「人際網絡地圖」**製作法，作為「掌握自己目前人際關係有多好的方法」。

最重要的是在中間人的方框中登場的人物姓名。

如果有人一再出現於這個方框內，**他就是你人際網絡中的超級人脈王**。

我也在試過這個人際網絡地圖後，發現同一位人物（中間人）介紹了四到五位貴人給我認識，因而認定「這個人是超級人脈王。我得好好感謝他才行！」，每逢他生日都會送禮。

之所以這麼說，是因為中間人為我介紹了好幾名我想寫進貴人欄裡的人物，而且他為我和下一位貴人牽線的機率相當高。

你製作的人際網絡地圖，有人一再出現於中間人的方框裡嗎？

那個人就是你很重要的超級人脈王。你就多加留意，加深與他的關係吧。

至於技巧，我會在後面說明。

「人際網絡地圖」的製作法

將記事本分割成三等分，然後寫進「貴人」（重要的人物）、「中間人」（會為你介紹貴人的人物）、「連接者」（你介紹貴人給人認識的對象）

如果在中間人的方框裡，「我」出現的機率超過65%，證明你的人際關係停滯！

如果有人一再出現於中間人的方框內，那個人就是你人際網絡中的超級人脈王！

此外，你在別的地方認識的貴人，如果介紹給超級人脈王，也就是中間人（你成為連接者），就會產生相互作用，人際網絡將逐漸擴展。

如果只是持續展開輕鬆的交往，人脈的品質會下滑

附帶一提，如果「我」頻頻出現在中間人的方框裡，你就得小心了。亞基教授說，**當「我」的數目超過全體的65%時，有可能「你的人際關係很脆弱」**。

這裡所說的脆弱，指的是因為相似的人聚在一起，以致喪失創造性和解決問題的能力。

「我」的數目愈多，表示你愈是遵從**「自我相似原理」**，喜歡和自己類似的人，以此來打造人際網絡。欠缺多樣性的人際關係，往往會缺乏刺激，不適應變化。

話雖如此，亞基教授也指出，根據自我相似而建立的人際網絡，也有資訊

傳達快速的優點，也非完全一無是處。與能讓自己放鬆的同伴結交，也有助於心理的安定。

因為在人際關係下，和已經相互認識的人之間建立的人際網絡容易維持，在這種**「接近性原理」**的作用下，與相處愉快的夥伴們往來會變得更緊密。

不過，以拓展人際網絡的這層意義來說，**因為發現全新連結的機會減少，所以會成為缺乏拓展的交往**。

在中間人的欄位裡，「我」登場的頻率達65％以上的這種緊密的人際網絡，一方面要好好珍惜，另一方面也要在派對或活動中嘗試第一個方法（發現野生超級人脈王的方法），刻意走出人際網絡之外。

附帶一提，亞基教授為了建立與超級人脈王的連結，提出兩個方法。

・注意人際網絡地圖的中間人欄位，定期監控，不讓「我」的比例超過65％

・不要謹守著同伴的人際網絡，要刻意自己跳進難度高的計畫（「初次見面」

的場合、全新嗜好的聚會、工作上的全新計畫等等）中

在難度高的計畫下，聚集的人也會有較高的多樣性，自然就有更多機會遇見新的朋友。

而且要定期製作人際網絡地圖，盤點自己目前的人際網絡。**與半年前、一年前相比，「我」在中間人的欄位中登場的比例如果增加，就要提醒自己積極投入全新的環境**。

如此一來，自然就非得拓展人際交往不可，也能從中認識新的超級人脈王。

技巧 2

以「重新連結」來重新建立關係

第二個技巧是**「重新連結」**。

是從過去你所建立的人際網絡，重新與超級人脈王建立關係的方法。

重新連結是在重新接上的含意下，**「與好一陣子沒聯絡的朋友或熟人重新聯絡」**。聯絡方式看是要用電話、電子郵件，還是寫信都可以。

「最近過得怎樣？」只要這樣問一聲，就能讓沉睡的人際網絡再度復活，與背後的超級人脈王重新建立關係。

二〇一〇年，美國的羅格斯大學以MBA（經營管理碩士）的學生為對象，展開實驗。

這場實驗中，在推動工作上的重要計畫時，有一方是仰賴關係緊密的人脈，另一方則是請有一陣子沒聯絡的熟人幫忙，對這兩者進行比較。

結果是後者有效率的推動計畫。

換句話說，**重新與昔日的同學、以前職場上的同事、過去受過照顧的地方人士等等取得聯繫，往往整體會呈現出更好的成果**。

羅格斯大學的研究團隊將這種人際網絡稱作**「休眠人脈（Dormant Ties）」**，並指出「在已經僵化的人脈下，只能得到眾所皆知的消息，而相對於此，休眠人脈創造出新觀點的機率比較高」。

這就像總是使用同樣的食材，以同樣的調理方法作成的料理一樣，儘管品質穩定，不過也沒有新鮮感。

雖然和整天見面的上司、同事一起出外喝酒，但不會激盪出令人耳目一新的點子，或是能突破障壁的解決辦法。

這種時候更要重新連結，和久未見面的人交換意見。便能從不同於平時的觀點中得到好點子或是啟發。

例如，與大學時代的朋友重聚後，雖然整整十年沒見過面，但距離感一口氣縮減許多。因為這是以前曾經建立過的人際網絡，了解彼此的強項和喜好，對組成團隊時的角色分工也有共識。

因此，**能馬上憑藉以前的關係展開對話，而且經由過去所經歷的那段時間，彼此分別都累積了經驗和資訊**。

也許沒見面的這段時間，你的朋友已變成超級人脈王。

也可能在你朋友的人際網絡中，有超級人脈王存在，能幫助你解決目前面對的問題。

不管怎樣，要培育全新的人際網絡得花時間，不過，重新連結的人際網絡就只是人脈暫時休眠，所以很快就會復甦。

不妨三個月一次，從電話簿裡找出「最近都沒聯絡」的人，試著聯絡看看，並養成這個習慣。就算只是寫封簡短的電子郵件，說明自己的近況，那也沒關係。

藉由重新連結，應該能產生全新的關係。

人不光只會幫助自己喜歡的對象，也會喜歡幫助過的對象

附帶一提，**超級人脈王會很自然的反覆展開重新連結**。儘管只是一年前在派對上站著聊過天，互留聯絡方式這樣的關係，也能與對方聯絡，一點都不會感到排斥。

因為他們的能力是牢記對方擅長什麼、喜歡什麼，這同時也是超級人脈王的特徵。

例如他們會搭配「IT工程師T先生製作APP，是為了個人嗜好」這樣的內容來加以牢記。

而在「我想問APP的事」「我想製作這樣的APP」的時候，超級人脈王就會輕鬆的展開重新連結。

如前所述，當自己擅長的領域有人前來委託時，會覺得自己派得上用場，而產生一股歡喜之情。

超級人脈王對於認識的人，不是只記對方頭銜，而是以對方擅長什麼、喜歡什麼這類的獨特性為主軸來加以記憶。

正因為這樣，儘管對方突然接獲聯絡，但還是很喜歡這位超級人脈王，對請他幫忙一事心存感謝，這種現象時常發生。

這種現象的背後，存在著美國心理學家利昂・費斯廷格（Leon Festinger）提倡的**「消除認知失調」**這種心理。

人們只要幫助了某人，就會喜歡自己幫助過的對象。因為幫助者會心想「我這麼幫助對方，表示我一定很喜歡對方」，而有修正自我認知的傾向。

並且超級人脈王是因為對方擅長、喜歡，才前來求助，所以不會造成對方的負擔。

就結果來看，人們在「因為喜歡，所以出手幫助」的同時，也會「因為出手幫助，所以喜歡」。

將接近的成功率從8％提升為42％的方法

如果想善用重新連結，那麼，模仿超級人脈王的做法是捷徑。

善於重新連結的人，未必就能言善道。

「突然就和對方聯絡，不太好吧？」「這樣不是很失禮嗎？」「會不會太厚臉皮？」能否克服這樣的排斥感是關鍵。

超級人脈王記得對方擅長什麼、喜歡什麼，可我們沒這樣的特殊能力。

話雖如此，也不必放棄得太早，**只要在認識的對象名片裡寫下外貌特徵、擅長的事、喜歡的事，這樣就行了**。也很推薦記在手機的聯絡人備註欄上。

或者是在當天結束時，將遇見的人們、聊過天的人，全都記在筆記本上，並養成習慣，事先記下有印象的對話，這也是個不錯的方法。

然後**以三個月一次的頻率回頭看記事本或筆記，試著與當下有可能幫得上忙的人聯絡吧**。

以三個月一次的頻率，回頭翻看記事本，
試著與當下有可能幫得上忙的人聯絡

以對方擅長、喜歡的事當開場白，與對方聯絡，對方聽了應該不會冷漠以對。

尋求他人建議的行為，人稱「Advice seeking」，是交際術中很常用的一招。

事實上，在美國的楊百翰大學以推銷員為對象舉行的一場實驗中，得到的數據資料顯示，**當賣方自由展開銷售時，成交率為8%。而相對的，當賣方問買方「怎樣的價格和交期您覺得滿意？」尋求建議時，成交率會馬上提升為42%**。

社會人士的資歷愈長，聽到與公司、組織、工作沒直接關係的「個人能力」成為對方詢問的焦點時，會愈高興。

而且又是從以前就保有某種關係的對象，所以不會有初次見面特有的緊張感。

就讓以前的關係重新復活，將過去的人際網絡運用在當下吧。

重新連結是每個人都能辦到的技巧。

技巧3

以「最適當的接觸次數」來縮短距離

這是第三個技巧。

在此介紹可以提高遇見超級人脈王的機率，同時又能**縮短你與目標人物之間的距離，極具科學依據的最適當接觸次數**。

我們擁有的時間是一天二十四小時。關於這點，超級人脈王也和一般人一樣。計算當中用在睡眠、飲食、工作的時間後會發現，我們可以自由使用的時間超乎想像的少。

有限的時間該如何使用，才能提高遇見超級人脈王的機率呢？

美國拉汶大學的伊萬．米斯納博士**將應該來往的團體分成四類，並推薦不要偏重其中一方，要平均的將時間分配給這四類，以此作為提高拓展人際網絡**

效果的方法。

・輕鬆接觸

平時在自己公司、客戶公司、業務上的活動中會碰面的人。

如果重視工作上使用的人際網絡，要掌握的重點是「在對方喜歡的領域、擅長的領域，詢求其建議」。

向喜歡電影的人詢問推薦的電影，如果是工作相關的事，就詢問對方負責哪個領域。這樣能滿足對方想獲得認同的欲望，強化彼此的連結。

重要的是，**在得到建議後，要盡快「實行、報告、感謝」**。經由這樣的反覆進行，工作相關的人際網絡將會成為你堅強的後盾。

・知識型人際網絡

關於工作的相關知識，包含公司外部在內，擁有專業知識的人際網絡。

不光是會計師、稅務顧問、律師等專門職業，像ＩＴ技術人員、顧問、理財規劃師等，要珍惜各領域的專家。

與他們來往，與其採取私交的親近，不如保有Give&Take的關係，需要專業知識時就能向他們詢問，朝這方面與他們結交。

・強力接觸

這是在讀書會、喝酒聚會、假日高爾夫這類的嗜好場面下，會定期見面的專業人際網絡。

除了在從事同樣工作的同事和前輩當中，感情特別好，值得信賴，且接觸密切的朋友外，還有學生時代的朋友，後來走上不同的道路，發揮能力的朋友，都要好好珍惜。

這在第四章會仔細說明，只要有三位推心置腹的好朋友，人生的幸福度就會大幅提升。

・線上人際網絡

指的是臉書、推特這類社群網站上的人際網絡。

在LinkedIn這種專業人材聚集的人際網絡上，擁有一起密切互動的時間吧。**社群網站若是過度沉迷，會產生許多問題，不過對於強化人與人之間的連結，它還是能派上用場**。

能藉由連結到對方想要的資訊，來向虛擬世界裡的朋友提供價值，或是讓對方知道，你正投入他們所關心的某個生意上。

此外，可藉由發文或是留言，在對方腦中留下印象，或是讓對方知道你是在哪個業界從事什麼工作。這是用來與認識的人保持關係，很有效率的方法。

另外，儘管身處在虛擬世界，很多人往往還是覺得和自己「認識」的人比較容易開啟話匣子。以線上人際網絡為契機，可以和新認識的朋友建立連結。

以上四類當中，米斯納博士特別指出「大部分人都是以工作（輕鬆接觸）的關係和線上人際網絡各占一半」。

他還提出建議，**要分別以25%的時間平均分給這四種關係，保有不偏重任**

何一方的關係。

因為各個分類的後面都有超級人脈王在。

經科學證明，對方好感會增加的接觸次數是……？

遇見超級人脈王後，為了加深彼此的關係，要增加接觸次數。

一再和同樣的人見面，就會喜歡對方，這是我們與生俱來的本能。在心理學稱之為「單純曝光效應」，但其實最適合用來控制對方好感的接觸次數，也已經藉由研究得到正確答案。

維持對方好感的接觸次數、好感增加的接觸次數、好感減少的接觸次數。

美國聖母大學於二〇〇八年進行的研究，便調查了這幾個問題。

研究團隊以兩百萬名男女為對象，分析所有人進行過的八百萬次通話。

結果得知，**最少得十五天一次和對方接觸，否則好感就會逐漸轉淡**。

十五天一次是分水嶺，頻率提高，好感就會增加，頻率降低，好感便會減

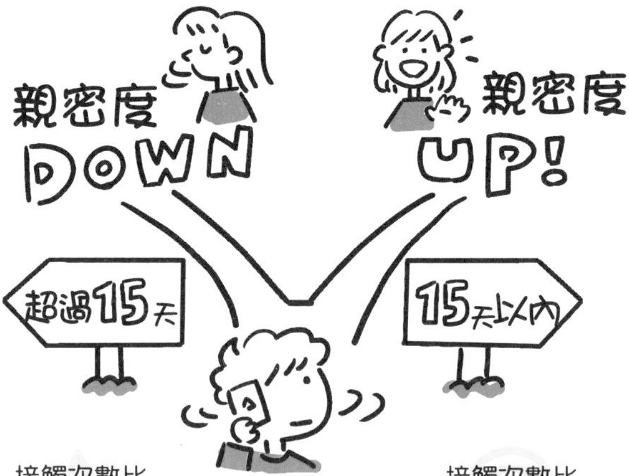

接觸次數比
平均十五天一次還少

接觸次數比
平均十五天一次還多

少。

如果想增加和對方的親密度，只要平均十天一次，讓對方想起你，這樣應該就行了。

附帶一提，所謂的「接觸」，不見得是實際見面談話。用電話、E-mail、LINE來交談也可以。

例如與超級人脈王的談話內容有關的報導連結、照片等資訊，事先儲存下來，然後以十天一次的頻率寫電子郵件聯絡。

在不太會造成對方負擔的情況下，由你主動傳送「我想幫你的忙」這樣的訊息。

重點在於**保持不會煩人，而又能留下印象的絕妙間隔，展開交流**。

為了不讓彼此通信中斷，該付出努力的不是超級人脈王，而是想靠近對方的你。

藉由這樣的努力，好感會逐漸改變，關於這項事實，聖母大學的研究團隊指出「拓展人際網絡是一種接觸運動」。

為了這個目的，不妨在Google行事曆上記下「今天和誰見過面」，作為預先準備。

如果有覺得「想和他成為好友」「這個人或許是超級人脈王」的人選，就直接先設定好，在十天後寄郵件過去，讓對方想起你。

等這天到來，只要用電子郵件或LINE聯絡就行了。不論是收信的一方或是寄信的一方，都不花時間，也沒負擔，相當合理。

或許乍看之下會覺得難度頗高，但這是只要花五分鐘就能辦到的拓展人際網絡法。

能維持自己覺得重要的人際關係，**能為你帶來自信，強化你的心理**。

要發起某項新的行動時，只要能意識到「我有可以仰賴的朋友」「有人會為我加油」，我們就能充滿自信的展開行動。

技巧4
以「正向八卦」來提高親密度

要與自己發現的超級人脈王建立多年的親密關係，光靠電子郵件或LINE的往來還不夠。

終究還是需要面對面溝通。

這時候，要注意哪些事，才能更確實，更快的敞開彼此的心房，提高親密度呢？

在此介紹**根據心理學的見解而設計的對話術**，作為第四個技巧。

我們和猴子、黑猩猩、金剛、紅毛猩猩等類人猿一樣，都是社會性的動物。透過與周遭人的來往以保護自己不受社會的威脅或精神壓力的傷害，並以此作為進化的食糧。

靈長類的集團和其他動物不同，會為了維持社會性的團結而建立「聯繫」。

聯繫的基礎，就是「這個人值得信賴」的感覺、信賴感。要好好引導，讓超級人脈王能對你產生信賴感。

在與人交往方面，經驗極其豐富的超級人脈王，其周遭常有許多人聚集。正因為對方位在這種人際網絡的核心，所以**「正向八卦」**這種會話技巧很能奏效。

「A先生總是在背地裡說上司壞話」「B先生現在看起來脾氣好，但他年輕時好像是不良少年呢」，就像這樣，傳聞總是以負面的話題居多。

不過，雖然一樣是傳聞，但藉由正面的傳聞，讓周遭人對你的好感度提升，這就是正向八卦。它可說是講出不在場的第三者優點，積極誇獎對方的一種傳聞。

根據美國俄亥俄州立大學的實驗得知，**愈是會積極誇獎他人的人，往往愈會給對方親近感**。

在當事人不在場的情況下，
誇獎與超級人脈王有關係的人們

如果你想贏得超級人脈王的信賴，不妨像這樣運用正向八卦。

「○○先生真的是人品高潔啊。上次聚會結束後，他留在會場處理善後作業。真的相當令人佩服。」「上禮拜的歡迎會很成功。幹事○○先生從挑選店家，到決定座位、當天的活動，全都很完美。如果能和那樣的人一起共事，一定凡事都很順利。」

在當事人不在的場合下，好好誇獎和超級人脈王有關的人吧。只要這麼做，超級人脈王對你的印象就會變得正向。

附帶一提，從俄亥俄州立大學的研究中得知，**總是聊第三者負面消息的人，往往容易惹人厭，也很難建立親密的人際關係**。

這是因為人們有個習性，會將「那個人談論別人的事」誤認成是「那個人的特質」，所才會引發這種反應。

就算超級人脈王面帶微笑，頻頻點頭聽你說，也還是不要說你討厭的人壞話。

那種微笑只是禮貌性的笑，你每說一次傳聞，他對你的信賴感就會多下滑一分。

提升與超級人脈王親密度的會話術

接下來介紹的會話術，是**「模仿（mimicking）」**。

在法國的楓丹白露、新加坡、阿拉伯聯合大公國的阿布達比都設有分校的歐洲工商管理學院，在二〇一〇年進行了**「說話方式與親密性」**的實驗。

研究團隊向找來的受測者下達指示，要他們在十分鐘內盡情的對話，並對其中一半的成員加上「反覆說對方談話的最後一句話」這個條件。

例如，談話的對象要是說「這項技巧有驚人的效果」，就重複說「有驚人的效果是嗎！」。

結果得知，**說話的對象對施行模仿的受測者產生一股親近感**。

要是對方點頭，我也點頭，對方翹腳，我也翹腳，像這樣模仿對方動作的「鏡像（Mirroring）」、完全按照對方的說話內容重講一次的「回溯（backtracking）」，模仿可說是與它們相通的一種技巧。

與上述行為相比，**模仿顯得更簡單有效**。只要針對對話最後的部分再說一遍就行了。

「假日我向來都是和人見面，或是找同伴來一起共度，不過前一陣子我做了一件很久沒做的事，那就是自己一個人去看電影。」

「哦~自己一個人去看電影。」

「對。是一部緊張刺激的動作片，很有趣，不過我從中發現，偶爾保有自己一個人獨處的時間也很重要呢。」

「的確，自己一個人獨處的時間很重要。」

超級人脈王往往都處在眾人圍成的圈子裡，對他們來說，比起電影的內容，從自己一個人獨處的時間中注意到新鮮感，這是一大發現。

拾起對方內心的反應，展開模仿，**對方會因此在心中留下充實感，而覺得「他和我有同感」**。

只要兩個簡單的提問，對你的親近感就會大增

想和模仿一起活用的，是**「Two Question Technic」**。

這是榮獲諾貝爾經濟學獎的心理學家，同時也是行為經濟學家的丹尼爾．康納曼博士，從實驗中導出的一套提到親密度的會話術。

使用方法很簡單，只要向超級人脈王問兩個問題即可。

1．針對最近發生的事詢問（不論是正面還負面的事都可以）

2．問對方「最近有多幸福？」

只要照這個步驟走就會明白，**不論最近發生的事是正面還是負面，對方的幸福度都會提高，對你的親近感也會大增**。

與超級人脈王閒聊的過程中，不妨詢問「最近過得怎樣？」「有沒有認識不錯的人？」「你幸福嗎？」「日子過得充實嗎？」。

為什麼只要問這幾個問題，就能發揮很大的功效呢？因為**「聊自己的事」這種行為，就像「吃了可口的一餐」或「得到一筆錢」一樣，會讓人的腦袋興奮**。

二〇一二年，美國哈佛大學實際使用機器測量腦波動態進行實驗，證實了這點。

也就是說，**拋出對方容易回答的提問，請對方愉快的暢談，再一面使用模仿，一面聆聽，這樣就能讓你和超級人脈王之間的關係變得緊密**。

許多自稱是溝通專家的人，根本不懂正確拓展人際網絡的方法，就一味宣揚高度社交性和外向舉止的有效性。

不過，想要吸引對方注意，**當一位「好的聆聽者」是最好的辦法**。沒必要自己一直積極的說個不停。

不管是再怎麼內向、不善言詞的人，透過使用本章所介紹的四個技巧，應該就能與位在人際網絡核心的超級人脈王建立特別的關係。

第4章

如何結交帶來幸福的「三位朋友」

對充實身心有助益的「拓展交朋友的人際網絡」

在第三章針對為了打造適合自己的人際網絡，針對如何與關鍵人物「超級人脈王」建立連結的方式，做了一番解說。

與超級人脈王的連結，能大幅度增加相遇的人數。而這樣的相遇，應該會為你帶來許多機會和充實的時光。

然而，**拓展人際網絡的真正效果，可不光只有這樣**。

與超級人脈王的連結，以及建立的人際網絡所帶來的豐足，如果這樣算是外向又動態，那麼，本章要介紹的，則算是內向又靜態，**會對身心的豐足帶來助益的「拓展交朋友的人際網絡」**。

有能夠彼此互相切磋琢磨，推心置腹的朋友，會遠離孤獨，讓你的人生變得相當充實。

美國楊百翰大學的心理學家朱莉安・倫斯塔德（Julianne Holt-Lunstad）教授根據使用了「一百四十八個研究、超過三十萬人的受測者數據資料」「七十個研究、三百四十萬人的數據資料」所做的兩個統合分析（統合多個研究結果所做的統計分析），發表了與孤獨和健康有關的研究結果。

舉個例子，對於心臟病發作的患者，曾根據各種因素來調查他們一開始發作後一年內的存活率。

在查探什麼是影響最大的因素後，得知**比起戒菸、運動、肥胖度、酒精攝取量等等，「朋友的質和量」更是決定生死的最重要因素**。

倫斯塔德的研究團隊指出，感受到孤獨的人，會引發許多健康方面的問題，例如睡眠模式紊亂、壓力荷爾蒙增加、免疫系統出現異常等等。

此外，根據倫斯塔德的研究團隊試算的結果指出，**孤獨的人只要結交一位知心好友，最大能延長十五年的壽命**。

與朋友的連結會治癒孤獨，大幅改變人生。

豐富人生的不是金錢，而是朋友

另外也有個與**幸福和朋友**有關的研究。

我們所感覺到幸福度，基本上都是由主觀來決定。因此，在心理學的世界進行了各種與「有錢」和「幸福度」有關的研究。

哈佛大學和普林斯頓大學的研究團隊所做的論文指出，**「年收超過八百萬日圓，幸福度就不會再往上升」**，並指出**「比起擁有的金錢多寡，用錢的方式和休閒方式更重要」**。

此外，在美國經濟雜誌《富比士》的富豪排行中榜上有名的頂極富豪，例如比爾·蓋茲（微軟創始人）、傑夫·貝佐斯（亞馬遜創始人）等成功人士，與一般美國人的幸福度有多大的差異，關於這點也有調查研究。

而得到的結論也是「沒多大不同」。

換句話說，不管哪個研究都有個共通點，那就是**「並非錢賺愈多就愈幸福」**。

當然，有錢人當中也有人很幸福。

不過，其幸福的主要原因並不光只是錢。在賺錢的過程中培養的人際關係、經濟上的獨立所帶來的自由等等，也都極具影響力。

而緊接在健康之後，**在這裡要特別放大來看的，是朋友的存在**。

二〇〇四年，美國的輿論調查機構蓋洛普公司，以五百萬人為對象進行了一項調查。從這項調查結果中可以看出我在序章介紹的「有知心好友的狀態」，會帶來驚人的力量。

・在職場上有三位朋友，人生的滿意度就會上升96％
・同時對自己薪水的滿意度也會上升２００％
・在職場有最棒的朋友時，工作幹勁會增加７００％，工作速度也會提升。工作出問題的情況減少，能想出更新奇的好點子

可以說讓人生好轉的要素全都在這裡頭了。

自由工作者（沒有可稱作「職場」環境的人）**不妨採取在工作周邊的社群結交朋友的戰略**。在共用空間（共有型辦公室）結交新朋友也是個辦法，而和以前就認識的朋友一起共事，也是一種解決之道。

此外，以經營者的情況來說，就算提到「職場」，或許也很難像電影《釣魚迷日記》那樣，和員工建立超越上司與下屬的關係，成為好朋友。

事實上，我有位朋友是個人資產達數百億日圓的經營者，連他也曾發牢騷道「不管再有錢，要是沒有能一起共度假日的朋友，就會不知道該做什麼才好」。

像這種情況，不妨就找同樣是經營者、生意類型沒直接重疊的人當朋友吧。

職場上有親近的朋友，對薪水的滿意度會提升三倍

儘管職場相同、薪水相同，但有沒有朋友，滿意度卻大不相同，「對薪水的滿意度會上升２００％」這個數據資料，想必很多人看了會大吃一驚。

有三位知心好友，
會促成身心兩方面的幸福

假設每個月的實際收入有二十五萬日圓，**在職場上沒朋友的人會覺得「少」，而累積不滿，但有三位朋友的人，則會覺得「待遇真好」**。

因為這和收入的高低無關，而是朋友會認同當事人的工作，對他說「真厲害」「你可真賣力」。

想獲得認同的欲望得到滿足，便會**覺得領到的薪水價值增加了２００％（三倍）**。

而在現實中，就算想讓自己收入增加三倍，以日本公司的情況來看，只要不是完全業績制（完全佣金制）的業務工作，處在同個職場幾乎不可能實現。

當你處在目前的職場，對薪水感到不滿時，為了提升自己的滿意度，與其提升表面的薪水金額，不如結交朋友，還更有效果。

在這層意義下，我們可以說，**應該要以人際關係來選擇職場**。當你找到氣氛和諧，似乎可以結交到好朋友的職場時，就算薪水不是那麼高，在那裡累積資歷還是能得到幸福的未來。

之所以這麼說，也是因為德國的愛爾朗根-紐倫堡大學曾在二〇〇九年以四百五十五名上班族為對象進行研究。

他們對所有人進行**「平時有多常和公司內外的人們溝通」**這樣一份問卷調查。之後長達四年的時間，對調查對象的資歷和收入展開追蹤。

結果得知有以下三種傾向。

- 維持公司外部人際網絡的人，薪水漲得最多
- 再來是在公司內拓展人際網絡的人，薪水也容易上漲
- 維持公司內人際網絡的人，薪水容易上漲的程度排行第三

公司內外都有朋友，構築出良好人際網絡的人，整體來說，這四年間的收入都增加了。

尤其是以穩定的公司內人際關係為基礎，再進一步拓展公司外部人際網絡的人，薪水最容易上漲。

附帶一提，這項研究所說的「與公司外部的人際網絡」，指的不是常碰面的密切交流，就只有定期的互傳訊息往來。

若能開拓這種微弱的連結，並加以維持，便**有可能轉往更好的職場、得到新的生意點子、獲得有助於提升資歷的資訊，有機會因而增加收入**。

換言之，以第三章介紹的方法**結交能擴展公司外部連結的超級人脈王，在公司內擁有知心好友，這就幾乎可稱得上是商務人士最強的人際網絡了**。

世界第一的投資專家，給社會新鮮人的建議是什麼？

當你在職場上有最好的朋友（能交往十年、二十年的摯友）時，之所以幹勁能提升700%，單純是因為工作變得快樂。

因為在幹勁十足的狀態下工作，專注力會提升，完成工作的速度也會提高。而且，正因為心裡想「為了他，我也要好好努力」，處在能相互切磋琢磨的環境，所以也能想出創新的點子。

能展現出最佳成果的場所，可說是有最好的朋友在的職場，或是有值得尊敬的前輩和同事在的職場。

這也和許多新創企業的歷史相通。

蘋果的史蒂夫．賈伯斯和史蒂夫．沃茲尼克、Google的賴利．佩吉和謝爾蓋．布林、本田技研工業的本田宗一郎和藤澤武夫、Sony的盛田昭夫和井深大等等。

有些公司上市後，創始人便感情失和，不過，從創業期到成長期這段時間，有最佳好友的環境，會支持企業急速成長。

此外，號稱世界第一投資專家的華倫．巴菲特也曾留下一段逸聞，就像在為這個研究背書一般。

巴菲特結束演講後，有位前來聽講的年輕人朝他走近，問他「我該在怎樣的公司工作才好呢？」。巴菲特告訴他**「請在值得尊敬的人底下工作」**。

事實上，巴菲特年輕時也在人稱「價值投資之父」的投資專家班傑明·葛拉漢底下工作過。而巴菲特經營的投資公司波克夏·海瑟威，有位多年的盟友，查理·蒙格。

換句話說，**世界上最會賺錢的人物，也會在值得尊敬的人底下工作，與最好的朋友一起共事**。

我想，你也逐漸看出擁有朋友的重要性了。

有能交心的人、彼此能相互成長的人存在，會促成你身心兩方面的幸福。

這可不是什麼可疑講座的廣告文宣，不過，結交的人改變，我們的幸福度也隨之提升，就此變得幸福，所以幹勁也提升，工作一切順利，對收入的滿意度也會提高。

「因為有錢，所以幸福」「因為健康，所以幸福」的背後，是因為有朋友的存在。

話雖如此，長大成人後，要結交新的朋友並不容易。

因此，接下來我要介紹**五個用來結交朋友的方法**。

❶以「自我揭露」來打開對方的心房。

❷以「if then profile」來博得對方的信賴。

❸演出「類似性與歸屬意識」，和對方交心。

❹以「一同合作和歡笑」來加深友誼。

❺活用「社群網站」來維護。

執著於自然的相遇，一點意義也沒有。使用有效的技巧，拉近與對方的距離，再來判斷是否真的能成為好朋友吧。

結交朋友的五個技巧

❶ 自我揭露

❷ if then profile

❸ 類似性和歸屬意識

❹ 一同合作和歡笑

❺ 社群網站

結交方法 1

以「自我揭露」打開對方心房

公司的同事、前輩、後輩。同好社群裡認識的人。許久不見的學生時代的同學。你認為可以當朋友候選人的對象，在你周遭有多少人呢？

首先，請**重視第一印象和直覺**。

覺得「我和這個人可能合不來」的對象，就算心裡想「如果能和他來往的話，似乎會有好處……」，也沒必要勉強自己和他當朋友。

這不是得失或有沒有好處的問題，而是當遇到自己覺得「好像有可能變朋友」「想和他當朋友」「似乎能從他那裡得到刺激」「感覺是位值得尊敬的人」，給人積極印象的人時，要加深與對方的連結，以此為優先。

接下來介紹的**「自我揭露」**，是用來結交朋友的一種很普遍的方法。

藉由公開自己的小故事，
讓對方也能輕易吐露心事的對話術

說一些讓對方知道「我是這樣的人」的小故事，可說是一種讓對方也能吐露心事的溝通法。

對彼此私人情報不添油加醋，如實傳達，這在心理學稱為自我揭露。

小時候剛上小學時，你應該也曾一邊自我介紹，一邊結交新朋友才對。

叫什麼名字、家住哪裡、有幾個兄弟姊妹、喜歡怎樣的電視節目……在互相傳達這些訊息的過程中，和合得來的孩子結為朋友，和合不來的孩子保持同學的關係，是不是這樣呢？

自我揭露的做法，基本上和小時候沒什麼兩樣。請告訴你想當朋友的對象，你是個怎樣的人。

因為**想要提高信賴感，得先掌握彼此的資訊，這點很重要**。唯有在知道對方是怎樣的人之後，才能放心，逐漸縮小彼此的距離感。

但愈是內向怕生的人，往往愈不會自我揭露。

那麼，自我揭露該怎麼進行才好？

適合自我揭露的十個主題

社會心理學家蓋瑞．伍德所提儀的**「適合自我揭露的十個主題」**，能給各位帶來啟發。他將容易作為彼此談話契機，方便進行自我揭露的主題，做了一番歸納整理。

在此連同範例一起介紹，所以請在和你挑選的朋友候選人談話時試試看。

1. 與金錢或健康有關的擔憂

在金錢或健康的話題上，如果對方也有同樣擔心的事，彼此的親密度將會一口氣增加許多。重點是讓對方覺得「他向我吐露了個人的私事」。

如此一來，互惠原則會產生作用，對方會心想「我也來說吧」。然後**自我揭露的真切感受會逐漸轉為對你的信賴感**。

「現在的職場雖然待得很愉快，但總覺得薪水如果能再高一些就好了。」

「想要待得愉快，又要收入好，真的很難兩全呢。」

2. 自己覺得受不了的事、不能容許的事

如果彼此自我揭露，談到不能容許的事、覺得義憤填膺的事，就能共享彼此的價值觀，縮短距離感。而且也能了解彼此受不了的點是什麼，**日後來往就能減少無謂的衝突，發揮效果**。

不過，說特定人士的壞話，會拉低你的價值，最好要避免。

「不打方向燈就變換車道的駕駛實在是太粗心了，看了就有氣。」

「早上的交通巔峰時刻，就是有人站在電車車門前不肯動。」

3. 人生中感到幸福的事、自己快樂的事

自己喜歡的事、最近沉迷的事、覺得幸福的行為等等，**你人生中正向的事**，都不妨拿來自我揭露吧。對方應該也能愉快的聆聽，而針對自己覺得幸福的事，主動開口說。

「我最近沉迷慢跑，因為跑得很舒服，所以都忘了時間。」

「那我也來試試看慢跑吧。」

4. 自己想改善的事

針對不遠的將來或遙遠的將來，坦白說出自己想投入的事，這樣彼此就會展開自我揭露。**重點不是聊自己所面對的煩惱，而是想改善的內容和改善的方法**。

「我去國外旅行，深切感受到自己英語能力低落，所以想開始學英語會話。」

「我也得好好學英語才行……。如果你找到不錯的英語補習班，記得告訴我一聲哦。」

5. 自己的夢想、目標、野心

要說自己的夢想、目標、野心，基本上要積極正面，這會讓對方知道，你很有上進心。**比起聊過去做過些什麼，不如自我揭露，說出你今後想做什麼事，這會讓你顯得更有魅力**。

「我想藉由現在的工作磨練技術，日後開店自立門戶。」

「還想到要自立門戶啊，真不簡單。我也要認真來思考自己的資歷了。」

6. 語帶幽默的聊性方面的話題

這個主題**必須看準時機，小心處理，不過效果絕佳**。

互相以自己的性生活、幽默的葷笑話、與情色有關，出人意料的常識等等來自我揭露，能共享彼此的祕密，提高親密度。

「正準備要上床的時候，發現對方的重要部位竟然有刺青……」

「然後呢!?」

7. 自己的弱點和不好的一面

你長年苦惱的事、想改善的事、因為不拿手而希望對方幫助你的事，像這些弱點和不好的一面，不妨都老實的自我揭露吧。

能坦白說出自己的煩惱和弱點，證明這個人能客觀的掌握自己。對方會因心想「這個人很可靠」，而接納你。

「我從小就時常一早賴床，所以選了一個可以中午才開始工作的職業。」

「你對自己的弱點有自覺，選了一條迴避弱點的道路，這點相當不簡單。」

8. 生氣的事

比第二項「自己覺得受不了的事、不能容許的事」更嚴重的事。**絕對不能接受、怎樣都無法原諒的點，如果愈相近，親密度就愈高**。

「在餐飲店對店員擺出傲慢態度的人，我實在無法接受。」

「原本覺得這個人不錯，但看到他在身分比自己低的人面前擺出那種態度，會覺得很震驚對吧。」

9．自己的嗜好和興趣

以你持續已久的嗜好，以及今後想抱持興趣投入的事，都可拿來當聊天的主題。

不過，說話方式有其祕訣。如果說一句「我的嗜好是○○」，對方偏偏對這個類型不感興趣的話，便會回一句「這樣啊」，對話就此告終。

因此，**不妨夾雜一些你個人的小故事，例如你產生興趣的契機、透過嗜好學到了什麼**。如此一來，對方也會比較容易加入對話中。

「我心想，鍛鍊身體對頭腦也不錯，於是看完書後鍛鍊肌肉，是我的嗜好。」

「身體鍛鍊好，專注力也會跟著提高是嗎？」

10．難為情的體驗和有罪惡感的體驗

說說自己的失敗談，以及有罪惡感，確實自我反省過的體驗吧。

配合從失敗中學到的經驗一起說，對方便會心想「這個人克服失敗，有所成長」「他是個懂得別人痛苦的人」，而對你抱持這樣的印象。

也就是說，**能讓對方明白你身上的人味**。

此外，如果談話對象年紀比較小，就說一些失敗談，撕下「年長又厲害」的標籤，這樣就容易提高雙方的親密度。

「以前我在做重要簡報的當天，身體出了狀況，給公司捅了很大的婁子。從那之後，為了發生事情時別人也能因應，我都徹底和人共享資訊。」

「共享資訊的教導之所以深植在我們的部門裡，原來是有這樣的由來啊。」

要注意揭露的順序、比例、主題這三者

我們愈了解對方的資訊，愈能產生親近感。

因此，捷徑就是聊私事。在此介紹的「適合自我揭露的十個主題」，可作為具體的範例，派上用場。

不過，在自我揭露時有三個注意事項。

一是要**先說出自己的小故事**。如此一來，互惠原則便會發揮作用，對方跟

著坦白說出心裡話的機率也會提高。

二是雖然要先說出自己的小故事，但**在整場會話中，你說話的比例要控制在二至三成左右**。

如同前面所說，當有人肯聽我們說話，我們的頭腦得到的滿意度，相當於得到金錢的報酬，或是享受了可口的一餐。尤其是坦白說出私人的內容，這樣的連鎖更會發揮強大的作用。

換句話說，讓對方說愈多話，你愈是對方可以交心的重要人物。

為了讓想結交的對象對你產生好感和信賴，請留意讓自己成為聆聽者。

三是關於一開始自我揭露的主題。**不是挑選你想說的話題，而是要配合你想親近的對象內心來挑選**。也就是刻意要引對方自我揭露的感覺。

如果想知道對方對事物的價值觀，那就聊聊「夢想、目標、野心」或「生氣的事」這類的小故事。

如果想知道對方最近關心些什麼，不妨從「和金錢或健康有關的擔心事」「嗜好或興趣」來展開對話。

結交方法2

以「if then profile」來獲得對方的信賴

「if then profile」是在行為心理學的領域中，以九十四件研究驗證過其效果，最強的規劃術「if then planning」的對人應用版。

if then planning是「如果（if）發生X，到時候（then）就Y」，藉由事前先做好決定，來對行動遲疑的我們背後推一把。

例如像下面這樣決定好計畫，並列出清單。

「如果在工作時開始看社群網站，五分鐘後要停下，回到工作上。」

「星期二、星期四、星期六早上醒來後，要做伸展運動。」

如此一來，就無關乎意志力，能自主展開行動，事情也會按部就班的推動。

用在人們身上的if then profile，是在心裡想**「如果（if）在對方面前發生**

if　：如果有下個預定行程
then：就事前告知離席時間

if　：對方如果生氣的話
then：別意氣用事，先問原因

X的話，到時候（then）就進行Y」，事先決定好對對方採取的行動。

如此一來，你的行動就會產生一貫性，而給你的朋友候選人安心感，產生提高信賴度的效果。

在此舉幾個具體的例子吧。

「如果和對方約見面，一定要提早五分鐘到場」

「如果接下來有預定行程，要事先告訴對方自己非離席不可的時間」

「就算對方生氣，也千萬不要意氣用事，要詢問他『發生這種事的原因』。」

「當對方比較擅長時，就交由他處理，而且要表達感謝之意，絕不抱怨。」

就像這樣，要在心裡想「如果發生X的狀況，就採取Y的行動」，打造出一個和自己的行動有關的輪廓，照著它執行。

這麼一來，**周遭人會覺得你的行動具有一貫性**。

為什麼這對結交朋友會有幫助呢？因為對方會明白「發生某個狀況時，這個人會採取這種行動」，而**預測你的行動，很放心的和你結交**。

行動有一貫性的人，容易結交朋友

實際上，加拿大威爾弗里德·勞雷爾大學進行過一項實驗，**將會對朋友圈下達「請向對方增加行動的一貫性」這種指示的團體，與沒這麼做的團體，做了一番比較研究**。

結果得知，**下達指示的團體，親密度增加**。

相反的，如果採取的是一貫性低的行動，則會造成對方情感出現混亂，好感度下降的結果。

舉個例子，假設你真的實行了if then profile，告訴自己「就算對方生氣，我也不要意氣用事，要問他『發生這種事的原因』」。

如此一來，你的朋友會心想「這個人不會情緒性的亂動怒，還能聽我解釋，相當冷靜。所以可以放心和他結交」。

或者是將「如果有接下來的預定行程，要事先告訴對方我得離開的時間」養成習慣，這樣會帶來什麼改變呢？

對方會在心裡想「這個人明明很忙，還刻意留時間給我。而且還告訴我結束的時間，這樣我也比較好安排行程。是個好相處的人」。

這種思維在進行自我揭露時也能派上用場。

我在進行if then profile時，都是心想「在自我揭露時，要準備三個表現自我的關鍵字」。

將可以表現自我的嗜好、興趣、可以看出人格特質的道具，套用在三個關鍵字上。以我的情況來說，是「書、貓、做菜」。

將它具體化，在自我介紹時當作自我揭露來使用。

「我喜歡『書』，一天可以輕鬆的看一、二十本書。」

「我喜歡『貓』，家中養了兩隻。因為太過溺愛，還為了牠們買書。」

「我很喜歡『做菜』，最近迷上真空低溫調理這種方法。看溫度要設在幾度，要用多少時間來調理，才會讓食材變得最可口。我喜歡像這樣用科學方法來研究調理方式。」

像這樣先說出自己的事之後，現場有「書、貓、做菜」成為關鍵字，對方也能放心的展開對話。

我其實有「不擅長解讀現場氣氛的溝通障礙」，正因為有這樣的自覺，所以常提醒自己，事前準備絕不能馬虎。

像這樣做好準備後和人見面，經過一再的經驗累積，現在我已能像在閒聊一樣，很自然的自我揭露，讓對方敞開心房。

表現自我的關鍵字，以及與它串連在一起的自我介紹，大概要花五分鐘的時間準備。有沒有多花點工夫，結果會大不相同。

重要的是一貫性。

行動有一貫性的人，容易獲得周遭人的信賴，也比較容易結交朋友。

結交方法3

演出「類似性和歸屬意識」，和對方交心

「相似的人會互相吸引。」

這是以前人們就常說的經驗法則，而在心理學的世界裡也是廣為認同的事實。

同班同學、公司同事、透過相同嗜好認識的同好等，與這些朋友候選人的相遇，往往在同處一個團體裡的時期比較容易發生。

如果對方是異性，就會促成戀愛關係，如果是上司與下屬的關係，就會發展成團隊。因為**「類似性」**高，對團體的**「歸屬意識」**就會增加，對一起相處的人們的親密度也會隨之提升。

那麼，怎樣的類似性高，最能增加歸屬意識，而成為容易結交朋友的環境呢？

有個研究對這樣的疑問展開了調查。

二〇一三年，美國伊利諾大學以一百對情侶為對象，調查他們的「類似性與歸屬意識」的關係，進行研究。

他們將歸屬意識分成六種模式，調查**使用哪種模式的對話有助於拉近彼此的距離**。

・**社會地位、職業、人種、家庭結構、出身地，像這一類與自己的生活背景有關的話題**。

（以職場上的職位、從事的業務、最近做的工作、成長的家庭環境、生長的土地等等作為共通話題，展開對話）

・**與思想和信念、看待人生的方式、志願精神有關的話題。**

（對於談論的新聞所抱持的看法、著重的信念和思想、人生中看重的事等

等，聊到這些深入探討當事人價值觀的話題）

・**關於嗜好和假日休閒方式的話題。**

（「你的嗜好是什麼？」這種基本款話題）

・**問對方是講話重邏輯的類型，還是重感情的類型，是話多型，還是聆聽型等等，聊到與溝通類型有關的話題。**

（「我是這樣的類型，你是哪一種類型呢？」拋出這樣的問題）

・**是屬於內向型還是外向型，是否具有協調性，針對性格聊到和個性有關的話題。**

（聊到彼此的性格，例如喜歡新奇的事物，好奇心重，很重視可以靜靜待在家中的時間、不喜歡團體行動、喜歡主辦活動等等）

・與髮型、服裝、身體特徵有關的話題。

（從喜歡的髮型、時尚、身高的高矮、胖瘦等等與外貌有關的話題中，發現類似性）

現實的類似與主觀的類似不一樣

前面介紹的六種模式中，你平常都和認識的人聊哪個題？

在伊利諾大學的研究中，認定「用來縮短與對方距離最為有效」的，是下面這兩個話題。

・與思想和信念、看待人生的方式、志願精神有關的話題。

・與溝通類型有關的話題。

就像人們常說「別在酒館裡聊政治和棒球」，一般像思想和信念、可以看出彼此不好的一面的溝通類談話內容等等，這些深層的話題往往都會避開。

但**正因為是一般都會避開的話題，所以一發現當中的類似性，兩人之間的歸屬意識就會提高，進而縮短彼此的距離感**。

相反的，像工作、出身地、家人的話題等等，儘管能發現許多類似點，可歸屬意識不會一下子提高太多。搬出這種話題，來作為提及深層話題用的轉接橋梁，有它的效果，但光是這樣無法締結深厚的信賴關係。

在前面的自我揭露項目也曾提過，**發現能「共享祕密」的類似性，是成為朋友的捷徑**。

不過，有一點要注意。

類似性確實能提高兩人之間的親密度，但還是要知道類似有兩種。

分別是**「現實的類似」（actual similarity）以及所謂「主觀的類似」（perceived similarity）**。

舉個例子，假設有位男性「棒球社出身，身高一百八十公分以上，保有和

出身地、家人、
嗜好、服裝的話題

思想和信念、
溝通類型的話題

學生時代一樣的體型，擔任業務員，表現活躍」，在這一點上很類似。

棒球社出身、身高、體型、擔任業務員，全部都和現實很類似。

不過關於內心層面，則和主觀有很大的關係。

假設其中一位男性覺得「對方同樣是棒球社出身，想必現在也一樣喜愛運動，是愛好戶外活動的類型，個性外向的人。似乎能成為好朋友」。

可另一位男性卻自我分析道「我的個性內向，是假日喜歡安排室內活動的類型」。

一直都沒注意雙方之間的落差，而被

現實的類似牽著走，儘管其中一方邀另一方參加戶外活動，但雙方的親密度也不會因此提高。

我們往往都**容易被眼前看得到的現實類似牽著走，結果對主觀的類似產生誤會**。

讓對方覺得「這個人和我好像！」，這點很重要

針對這樣的心理，美國的德克薩斯大學以交友網站的用戶為對象，**驗證這兩個「類似」的差異**，展開研究。

結果確認，就算現實的類似（出身地、年齡、時尚的喜好、喜歡的電影等）增加，男女間的親密度還是不會提升，**真正重要的始終都是「主觀的類似增加」（用戶間真切覺得「我們兩人好像！」的情況增加）**。

理解人很容易被眼前看得到的現實牽著走，對主觀的類似產生誤會後，再像這樣與對方接近，如此一來，歸屬意識便會一口氣提升。

「〇〇先生，你平時看起來是個冷靜的人，但其實感情豐富，會因電影或小說而掉淚對吧？」

「△△先生，你平時在公司裡做事俐落，是一位備受倚重的人，不過會不會在家裡其實『什麼都不想做』，只想過悠哉的時光呢？」

像這樣注意到現實的類似與主觀的類似之間的差異，展開提問。

「其實我看電影馬上就哭了！」

「我在家裡都是癱在沙發上不肯動，為什麼你知道？」

若能引出對方這樣的驚訝反應，就能馬上縮短你和對方之間的距離。

假設對方回了你一句「我很少哭哦」或是「我在家裡也一樣做事俐落哦」。

這時候就要繼續往下查探「既然你這麼少哭，我倒是很想知道哪部電影會讓你哭」「該怎麼做，才能像你這樣一直維持俐落模式呢？」。

像這樣引出對方的主觀後，再說一句「其實我也很喜歡那部電影」「你都是這樣維持幹勁啊。我也是這種先準備好獎勵，為此努力的類型」，**表現出彼此有主觀類似的一面**。

只要讓對方意識到「這個人或許和我很像」，歸屬意識就會提高，親密度也會隨之提升。

如果你始終都堅持交朋友隨緣就好，那可能得花不少時間才能交到所謂的摯友。不妨用點有效的技巧，選擇更有效率的交友之道吧。

結交方法4

以「一同合作與歡笑」，一口氣加深彼此情誼

利用「類似性與歸屬意識」的交友方法，有另一種版本，在此介紹**「一同合作與歡笑」**的技巧。

例如：

「在進行辦公室搬遷作業時，翻出我們彼此還是新人時的物品，忍不住笑了。」

「之前和第一次見面的人一起烤肉時，一時慌亂打翻了肉，我們都笑了。」

就像這樣，**在一同合作時，共享歡笑，這樣歸屬意識便會一口氣提高許多**，要以這種心理為基礎。

這時候需要的不是搞笑能力或獨特性，在心理學的世界裡，這是叫作**「玩

興」的能力。

所謂的玩興，是不管處在何種狀況下，都能從自己和周遭的環境中找出歡樂的一種能力，不管在何種狀況下，都能抱持玩心找出解決辦法的能力。

如果你或是對方發揮玩興，就能順利的進行歡笑的共享。

不需要搞笑能力或獨特性

美國堪薩斯大學進行了一場關於**幽默與歸屬意識**的研究。這是針對15,177人的資料展開調查的統合分析，準確度相當高。

- 男女之間愈有幽默感，往往愈會增加親密度。在兩人進行溝通時，歡笑量愈多，歸屬意識愈容易成長。
- 不過，個人的搞笑能力或獨特性，不會對歸屬意識產生影響。
- 對幽默類型的喜好，也和歸屬意識無關。

製造兩人
一同合作的場面

呈現出
一同歡笑的瞬間

（例如黑色幽默、情境喜劇、浪漫喜劇等，對特定類型的喜好不會影響歸屬意識）

・重要的是營造出「一個歡笑」，當作是兩人一同合作的結果。

（例如面對天然呆的對象，另一方可以提到吐槽的場面。這時候的對話，就算別人看了覺得無趣，也沒關係）

從這項研究得知，**與對方交談時，歡笑量愈多，信賴感或歸屬意識也愈容易提高**。

換句話說，如果有想結識的對象，**要先營造出可以兩人一同合作的場面**。

不必想得太複雜。

如果是做同樣工作的對象，可以安排會議，檢討新的事業計畫、一起拜訪客戶、一同擔任公司內活動或慶功宴的主辦人，提醒自己要多增加兩人單獨交談的時間。

此外，如果是透過嗜好認識的對象，就能外出看運動比賽、開車兜風、一起慢跑、規劃同伴一起露營，擔任召集人等等，要營造出就算有點半強迫，還是能一同合作的場面。

努力呈現出一同歡笑的瞬間吧。

結交方法 5

活用「社群網站」來維護

好不容易結交的朋友，若不好好維護，關係也會生變。

第五個技巧，是**與朋友維持關係的維護法**。

我們往往會自以為「摯友一直都會是摯友」。

但到了三十至四十歲，學生時代的好友變得音信全無。就算偶爾見面，也聊不起來，有時甚至覺得待在一起氣氛很尷尬。

第三章所介紹的「重新連結」裡提到，和朋友能很快就恢復成昔日的關係，但**如果雙方是音訊全無的狀態，想要恢復情誼，得花上一些時間**。

另一方面，本以為現在還是朋友，睽違十年，再次打電聯絡，說了一聲「好久不見」，結果對方認定你是關係疏遠的舊識，對你的來電感到困惑不解，心想「突然打來，是有什麼事嗎？」。

在職場上每天見面的朋友、家住附近的朋友、在同好社群裡定期見面的朋友等等，可說是處在一種維護得很周全的狀態。

但在人生中，常會發生像搬家、就職、轉行、結婚、生子、生病等等的事，這些時間裡所過的生活和平常大不相同。

因為環境的變化，而沒機會定期見面的朋友，想要繼續聯繫關係，需要付出相當的努力。

不管再好的朋友，如果不定期聯繫，用心維持彼此的關係，最後終究會變得疏遠。

那麼，如果已經和朋友之間形成物理性和時間性的距離，要怎麼做才能維持良好的關係呢？

在第三章我已介紹過「最少得十五天一次和對方接觸，否則好感就會逐漸轉淡」的這項聖母大學的研究。不過說起來，這指的是近乎剛認識的朋友。

如果雙方是已經建立朋友關係的狀態，就沒必要這麼密切的維護關係。

舉例來說，就像光是互寄賀年卡就能保有一定程度的情誼一樣，只要一個月一次，或半年一次打個電話、寫電子郵件，或是用LINE交流，這樣就很足夠了。或是你更新的社群網站，朋友偶爾會上網看，這樣也行。

像是住得遠，難得一聚的朋友。

因忙著育兒，生活時間剛好都錯開，無法像以前一樣聚在一起喝酒的朋友。

因為換了職場，沒辦法在午餐時間互相打氣的朋友。

像這種環境改變的情況，**只要懂得將社群網站活用在友情的維護上就行了**。

想要心靈相通，文字的往來比對話更重要

社群網站真能成為維繫友情的武器嗎？

答案是YES。這已有充分的科學根據存在。

例如荷蘭的阿姆斯特丹大學以交友網站為題材，發表這樣的研究。研究內容是**「相遇的兩人在互相聯絡時，用什麼方法來建立信賴關係最有效」**。

- **直接見面聊天的小組**
- 用電話或Skype之類，以聲音展開對談的小組
- 使用電子郵件或通訊APP，只以文字展開交流的小組

結果得知，使用電子郵件或LINE等通訊APP，**以文字展開交流的小組，能建立最強的信賴關係**。

我們往往以為「如果沒面對面，就無法傳達真正的意思或真心」，但其實就算是以文字來溝通，彼此還是能心意相通。

也有論文針對文字溝通為什麼有效展開驗證。這是美國西北大學進行的研究。

以電子郵件或 LINE 溝通　以電話或 Skype 交談　直接見面聊

據研究指出，文字溝通之所以比對話更有效，是因為以下三個原因。

・會有一段能保持冷靜的時間，展開訊息交流，所以能準確的傳達心情和想法。不會引發「我說過」「我沒說」的紛爭（就算發生了紛爭，也能回頭看自己過去的對話，所以容易承認疏失。就結果來看，能展開正確的自我揭露）

・文字會省去多餘的資訊，因為會感到不安，所以傳達方式上會變得比較客氣（因為沒有表情變化或肢體動作等資

訊，所以會想好好傳達面對面時省略的部分，結果使得文字溝通的資訊量增加）

·久未見面時，面對面溝通會變得比較順利（因為事前一再以文字溝通，彼此自我揭露，所以會跳脫物理性的距離和時間，不愁沒話題聊，會像以前一樣，或是比以前聊得更親密）

除了這三個理由外，**能藉由寫下文字來整理自己的思緒，也是其優點**。

面對面看著對方的反應說話時，有時會忘了傳達像「我想告訴他這件事」「我想先問這件事」這類的要點，或是忘了問。

不過寫成文字傳送時，這樣的遺漏就會減少。而且自我揭露的量也會因此增加。

對方能在空閒時閱讀訊息，所以比起面對面溝通，能夠更深刻的接受我方的自我揭露。

當然了，這對我方來說也是一樣的情況。能好好細讀對方的自我揭露，所以彼此的親密度會漸增。

以「和任何人都能變親密的三十六個提問」來當作傳訊息的題材

話雖如此，要給對方寫電子郵件、傳訊息，或是更新社群網站時，或許有時會話題不足。

因此，在這裡介紹美國紐約州立大學的心理學家亞瑟·阿倫博士提倡的**「和任何人都能變親密的三十六個提問」**。

這是依據一九九六年，阿倫博士隨機將三十三名不認識的男女湊成對展開的實驗結果。

在實驗中以四十五分鐘的時間讓多對情侶互相提出三十六個問題，從一般的內容到私人的內容都有。

而三十六個提問問完後，最後四分鐘，雙方互相凝望對方的眼睛。

這時，大部分的情侶都會對自己的對象產生親近感，當中有一對情侶甚至在半年後結婚。得到這個結果後，博士的論文就此成了「能兩情相悅的三十六個提問」，打響名號。

在此，要將那三十六個提問活用在友情的維護上。

在博士的實驗下，是採面對面輪流念出一個問題，彼此回答的方式，但我們要改以電子郵件或傳訊息的方式來進行。

例如你面對「如果你能邀請世上任何一個人來共進晚餐，你要邀請誰？」，你寫下「萊納爾·梅西」後送出。

收到訊息的朋友也對「如果你能邀請世上任何一個人來共進晚餐，你要邀請誰？」這個問題做出「新垣結衣」的回覆。之後針對這個原因展開對談。

如果一個月有一次的接觸，**光是提問、回答、討論原因，就能持續展開電子郵件或訊息的往來長達三年**。

而當這三十六個提問問完時，你已對這位朋友有了更深的了解。當然，對方也是一樣。

好好培育一段長存的友誼吧。

・亞瑟・阿倫博士的「和任何人都能變親密的三十六個提問」

Q1．如果你能邀請世上任何一個人來共進晚餐，你要邀請誰？

Q2．你想變成名人嗎？用什麼方法？

Q3．在打電話前，會先演練要說些什麼嗎？原因是什麼？

Q4．對你來說，怎樣才是「完美的一天」？

Q5．最後一次獨自一個人（或是對某人）唱歌是什麼時候？

Q6．假設你能活到九十歲，讓你選擇「到死之前都擁有三十歲的肉體」，和「到死之前都擁有三十歲的精神」，你會選哪一個？

Q7．你會選擇哪種死法，是否有什麼預感？

Q8．請舉出你與對方的三個共通點。

Q9．人生當中最感謝哪一件事？

Q10．如果能對你成長過程的某一部分進行修正，你想改變什麼？

Q11．你過去經歷過怎樣的人生，請用四分鐘的時間仔細的寫出，加以說明。

Q12．假設明天你一覺醒來，能學會某種能力。你想要何種能力？

Q13．如果有個水晶能夠讓你知道「真正的你」和「未來」，你會想知道什麼事？

Q14．你是否曾經長期懷抱某個夢想？如果有，為什麼沒加以實現？

Q15．你的過往人生中達成的最偉大功績是什麼？

Q16．朋友關係中，你最重視的是什麼？

Q17．你人生中最重要的回憶是什麼？

Q18．你人生中最糟的回憶是什麼？

Q19．如果一年後就會死，你會不會改變自己的生活方式？理由是什麼？

Q20．對你來說，友情是什麼？

Q21．在你的人生中，愛情扮演什麼樣的角色？

Q22．請舉出對方的五個優點。彼此依序一個一個傳送。

Q23．你和家人的感情好嗎？小時候是否覺得比其他人幸福？
Q24．覺得你和母親的關係如何？
Q25．請以「我們」開頭的文章，來描寫三次現在的情況。例如「我們在這個房間裡，覺得○○」。
Q26．請完成「如果有能一起聊△△的人就好了」這個句子。
Q27．假設你想和現在聊天的對象建立更深厚的關係，有哪件重要的事是對方應該先對你有所了解的？
Q28．對方的優點是什麼？請舉出你不會對初次見面的人說的事。
Q29．請試著向對方說出難為情的體驗。
Q30．最後一次在別人面前（或是自己一個人）哭是什麼時候？
Q31．請說出在截至目前為止的交流中，對方哪個點讓你有好感。
Q32．對你來說，什麼事很嚴肅，不能用玩笑輕鬆帶過？
Q33．如果今晚你將悄悄死去，你想告訴誰？要對他說什麼話？
Q34．家裡失火了。救出家人和寵物後，只能再去拿一樣東西。你會去拿什麼？原因是什麼？

Q35．家人當中，你最不希望誰死？原因是什麼？

Q36．坦白說出你私人的問題，請對方給建議。並請對方想像和描寫一下，你在面對這個問題時是怎樣的心情。

第5章

看穿人際關係變成壓力的陷阱

要防止拓展人際網絡變成壓力

在第三章介紹了與「超級人脈王」建立關係的方法，在第四章以結交朋友的方法為主，介紹了必要的訣竅和技巧。

如果能與超級人脈王建立關係，結交能互相切切磋琢磨的知心好友，你的人生將會有戲劇性的改變，這是可以確定的事。

但在採取這種行動時，一定會衍生其他問題。

那就是**認識的人增加，結識麻煩人物的情況也增加，拓展人際網絡本身造成了壓力**。

例如像下面這樣的煩惱。

「本以為他會是超級人脈王，結果在一再溝通的過程中，發現他單純只是自我表現欲強，是個職權騷擾型的男人。而且很愛強迫別人，真教人傷腦筋。」

「本想說能成為好朋友，這才自我揭露，結果熟了之後，才知道她是個很麻煩的女人，很依賴我。每天都不斷傳訊息來，真累人。」

「這個人也想認識，那個人也想認識，就此和新認識的十幾個人聯絡。他們邀我參加活動，我都盡可能參加，但老實說，我自己的步調完全被打亂，疲憊不堪。」

事實上，**我二十歲出頭時，有一段時間也處在同樣的狀態下，為此大為苦惱**。

當時開始以讀心師的身分上電視的我，不像現在這樣，有知心的團隊在後面支持我，為了紅，我認為自己非得和電視臺、製作公司的製作人、導播打好關係不可。

當時的我誤以為他們是超級人脈王，會為我帶來後續的工作。

因此，也不管是三更半夜，只要他們找我，我都會去餐會或酒宴中露面，只要他們要求，我就會以讀心師的身分露一手。

但這樣的來往幾乎沒帶來任何工作。

他們大部分都不是超級人脈王，而是藉著找來有特殊才藝的藝人，讓人知道自己多有能耐，這種人只會給人添麻煩。

我雖然隱約看出這樣的事實，但**我認為不能切斷與他人的連結，就此被耍得團團轉**。

決定將自己的極限值設定為三十人後，頓時輕鬆許多

經過那段時期後，現在的我以知心的好友為中心，組成一個人數不多的團隊一起共事。

此外，我還打造了一個專家人際網絡，可以用電話或電子郵件來詢問專業知識。就算不時會將新認識的朋友加進裡頭，但我的人際網絡規模只有二十至三十人左右。

決定人脈網絡的極限值，
因應新認識的人，定期加以更新

在第三章，我介紹了英國的人類學家羅賓・鄧巴教授所提倡的「鄧巴數」。「從人們大腦新皮質的大小來計算，能保有人際關係的極限值約一百五十人左右」，這是教授提倡的說法。

決定人際網絡的極限值，因應新認識的人，定期加以更新

不過，這個數字也包含了隔幾年才聯絡一次的親戚。

因此，就我個人的感覺來說，**平時常接觸，又能維持關係的人數，約五十人左右**。

而我還會把人數縮減得更少，我自

己的極限值是定為三十人。

這表示我要與以前常找我去的製作人或導播這類型的人（當然了，當中偶爾也有優秀又傑出的人在）斷絕往來。

「這個人適合加入三十人的人際網絡中嗎？」藉由這樣的自我詢問，就能看出自己不需要的人際關係。

重點不在衡量得失，而是重視直覺，看對方與自己是否合得來。**如果因為有好處，而刻意忍耐，以這樣的立場與人結交，這種人際關係早晚會變成壓力**。

如果遇到新的朋友，想加入三十人的人際網絡中，可當作是第三十一人或第三十二人，暫時加入名單中，經過一到兩個月的測試後，再來判斷是否要加入人際網絡中。

或許有人會覺得這是一種居高臨下的視線，感覺很不舒服。

不過，我們所擁有的時間一天只有二十四小時，一年三百六十五天。為了在有限的時間裡打造更適合自己的環境，人際關係也需要某種程度的重設。

因為要是不整理，就擠不出時間來認識有魅力的人，構築良好的關係。

只要自己決定規則去面對人際關係，就能減少與麻煩人物的來往，自然也就能認識新的朋友。

而**藉由這樣的反覆過程，真正的朋友和超級人脈王將會留下，而將你耍得團團轉的人際關係會逐漸減少**。

我所看重的這三十人所介紹的人物，我一定會和他們見面。絕不是同樣的人際網絡固定不變，只選擇輕鬆的人際交往。

也要時時確保有機會遇見新的朋友，如果覺得「這個人不錯！」，就要逐步更新人際網絡。

看出誰是麻煩人物，學會避而遠之的技術

基本上，我們都是「害怕」拒絕別人邀約的生物。

不論是狩獵時代還是農耕時代，我們的祖先都是靠團體生活而得以生存，

這個記憶深深刻印在遺傳基因中。

「只要拒絕過一次，對方可能就不會再邀我了……」

「可能會就此毀了對方和我的關係……」

「我可能會被踢出對方的人際網絡……」

我們往往會這麼想。

因為感到不安，所以會盡可能接受許多邀約。

但如果一直這樣下去，會耗去許多時間，什麼事也做不成，沒機會認識其他重要的人物。

本章我會搭配個人的經驗和學術研究的根據，告訴各位**要如何看穿讓人際關係變成壓力的三個陷阱**。

簡單來說，就是看出會將你要得團團轉的「麻煩人物」「會危害人際網絡的地雷般人物」，避而遠之的技巧。

想要擁有拒絕邀約的勇氣，必須有一套明確的標準。

因為只要有自己的一把尺，我們就不會感到不安或迷惘，能好好整理自己的人際網絡。

如果你正為人際關係所苦惱，那麼，在看完本章後，不妨客觀的審視自己的人際網絡，好好加以整理一番。

建議在整理好後，運用第三章、第四章的技巧，找出認識新朋友的好機會。

壓力 1

過度自信的「建立品牌」陷阱

設下一到兩個月的「試用期間」，看清情勢

「大家都在利用那項服務。而我們公司也提供那項服務，當初是由我企劃。」

「現在當紅的藝人〇〇〇，當初是我發掘她的。」

「這個社群的核心人物〇〇和△△，當初其實是我介紹他們認識的。」

你的周遭是否也有這種老愛吹噓自己，「搶著邀功的詐欺師」呢？

以結論來看，**最好和這種人保持距離**。就算你當聆聽者，最後也只是拖累自己罷了。

我因為工作的緣故，有時也會出席廣告商參加的會議。在場的有身為客戶的企業員工、以旁聽者身分參加的我，以及廣告商的十名員工組成的團隊，共

同參與這場會議。

而且說話的只有三人左右。剩下的七人則是坐著打開電腦或平板，除了不時動手打字外，一直都保持沉默。

日後這場會議中決定的計畫成立，開始受人矚目時，原本只會坐著不發一語的那七個人，當中有人竟然在酒宴或聯誼中這樣說道：

「大家熱切討論的那個ＡＰＰ，是我經手的。」

像這種言行宛如「搶著邀功的詐欺師」般的人，擁有強烈的自我表現欲，所以會積極讓周遭人知道他有多厲害。以前那些找我去的製作人和導播，應該也是同類型的人。

基本上，這種類型的人在行動時，完全不考慮會不會給周遭人帶來困擾。其行動力和強悍的堅持，在剛認識時給人的印象是「這個人溝通能力強」「是個對自己很有自信的人」。

但來往一陣子之後，就會開始掉漆了。

感覺溝通能力高的這部分，是出於自我表現欲，而自己一直說個不停，之所以看起來很有自信，也是沒自信的一種反面呈現，這種言行就像「搶著邀功的詐欺師」一樣。

事實上，有以下這樣的研究結果。

有個人看起來外向，充滿自信，和誰都能搭上話。這種所謂**溝通能力高的人，他們的言行會對人際網絡帶來多大的幫助呢？**關於這點，美國的加州大學展開了研究。

根據研究得到的結論是，在結交新朋友這部分，稍微有一些正向的影響，但**在長期人際關係的維護方面則很負面，整體來看，對拓展人際網絡沒有正向影響**。

此外，美國佛羅里達州立大學的心理學家羅伊．鮑梅斯特博士，他在二〇〇三年的研究中得知**「有自信的人在第一次與對方面對面時，具有和對方打成一片的能力，但以長期來看，卻是愈來愈惹人嫌」**。

花時間建立許多淺薄的關係，最後敵人愈來愈多，這是可悲的現實。

從波士頓大學的研究中得知遲遲無法出人頭地的原因

有人除了公司名片外，還製作個人名片，正面附上自己的大頭照，背面詳細寫有個人資料，四處發放。自以為是很努力在建立自我品牌，向外推廣。

像這樣積極宣傳自己的能力，要讓人知道「我就是這麼厲害！」，這在英語圈稱作**「Brand Building（建立品牌）」**。

對於建立品牌，成功突顯出與競爭對手差異性的企業或個人，在給予肯定時，也常會提到這個用語，但另一方面，**在「那個人做得太過火了」的這種語感下使用的情況也不少**。

「搶著邀功的詐欺師」，就負面的意思來說，算是想積極的建立品牌，宣揚自己，好藉此得到成果。

但就結果來看，似乎引來了不是自己所樂見的結局。

美國的波士頓大學對**「建立品牌會對早日出人頭地（在社會上的成功）帶來影響嗎」**展開調查。

結果得知，在負作用下，**積極建立品牌的人反而遲遲無法出人頭地**。

至於為什麼會產生負作用，這是因為熱中於建立品牌的人在與人溝通時，說的都是「我很厲害」「我做過了哪些事」「今後我要做什麼事」，幾乎都在自說自話。

第一次見面時會覺得「他是個熱情的人」，但見了兩、三次面後，發現「這個人展現的成果，並不像他說的那麼好」時，對方就會慢慢和他保持距離。和完全不聽你說話的人交談會覺得痛苦，也是理所當然的事。

例如你才剛開始說「我在擬定一個明年的計畫」，結果對方就像要把你說的話蓋過去似的，開始對你說「其實我也是呢。我明年有個大計畫，你要聽嗎？」，被迫聽他說了一大串話後，你會認為對方將你的感想當耳邊風。

這樣還會想再和這種人慢慢聊嗎？

熱中於建立品牌的人，就以一至兩個月的
「試用期」來看清楚他吧

沒察覺對方要的是什麼，只顧著宣傳自己的人。

為了強調自己的權威，總是炫耀自己和名人合照的人。

相信只要在大企業裡上班，就表示自己有價值，擺出高傲態度的人。

建立品牌的方式錯誤，熱中此道的人，所到之處總是無視於對方的需求，只會一再的宣傳自己。

開始拓展人際網絡後，一定會遇上這種人。

要小心符合以下條件的人。

・第一次見面就讓人覺得「他溝通能

力出奇的強！」的這種人。

・占用對話時間，總是談論自己的人。

・展現出像「搶著邀功的詐欺師」這種言行的人。

・熱中於建立品牌的人。

・人面廣，認識的人多，但親近的朋友似乎很少的人。

當然了，像這樣的人，不見得和他們來往就會惹來麻煩。

因此，**要先設下一至兩個月的「試用期」**。

如果對方是個可靠的人，他所誇耀的計畫，應該有一部分會付諸實行，展現成果才對。

此外，也能向同一個人際網絡中的第三者詢問對方的風評如何。如果真是那個優秀的人，應該會從第三者那裡聽到「他很厲害」「她是個很出色的人」這類的評價。

如果負面的聲音較多，那麼，將你寶貴的時間用在他們這種人身上，根本就是浪費人生。

如何不讓自己跟著建立品牌

相反的，如果你走錯路，開始建立品牌，而差點做出像「搶著邀功的詐欺師」般的言行時，那就採取**「表達性書寫」**這種對策吧。

表達性書寫是**一味的將自己的情感或想到的事都寫在紙上的一種練習**。

在一天即將結束時，至少以八分鐘的時間用在表達性書寫上，用筆將當天自己的心情、不愉快的事、感到不安的事，以條列的方式寫在筆記上。

例如「我在工作上出了個大紕漏。接下來不知道會怎樣。真不安啊」，就像這樣。

這樣為什麼會有效呢？因為當你走錯路，開始建立品牌，或是做出「搶著邀功的詐欺師」般的言行時，我們的內心會因為沒自信或不安而搖擺不定。

在進行表達性書寫時，自己所抱持的不安會化為言語，變得視覺化。

將自己的情感
寫在筆記本上的「表達性書寫」

沒有自信和不安，幾乎都是在想要「讓人可以多看到我」「壓抑自己的情感」時才會發生，但如果自己接受了這個事實，就能保持冷靜。

此外，**在反覆看自己寫的文字時，掌管理性判斷的大腦額葉會產生作用，解決我們的不安**。額葉是負責掌握感情和不安的器官。

寫下的文字要丟棄也無妨，不過，我建議標示日期保存下來。

這些保留下來的筆記本或記事本，在「今天發生不愉快的事」「覺得有點不安」時，不妨回頭拿出來看。

「我竟然曾經為這麼無聊的小事煩惱！只要過一年後，大部分的煩惱都變得無關緊要了」，你應該會有這種想法，而感到輕鬆許多。

此外，從研究中得知，持續進行表達性書寫**還會有另一種效果，那就是對討厭的對象多了一份包容力**。

這裡所說的「包容」，意思並非無條件的原諒對方，而是**能夠不放在心上**。

也就是說，那些以錯誤的方式建立品牌、言行就像「搶著邀功的詐欺師」一般的人，與他們來往所產生的不悅感，寫成文字後，會漸漸將他們看作是和自己沒瓜葛的人，而能淡然處之。

壓力 2

讓周遭人引發衝突的「鬧事者」設下的陷阱

相信直覺，離黑暗三角人格者遠一點

網路上有一種人稱「鬧事者」的人存在。

對政治人物的醜聞、藝人的不倫風波就不用說了，就算對一般人的奇特想法或是微不足道的小疏失，他們也會拿出像在雞蛋裡挑骨頭的歪理和正義感，把事情鬧大。

他們總是責備對方「拿出誠意來！」「負起責任！」，目的不是要解決問題，而要看對方痛苦、慌亂、提出反駁，極力掙扎的模樣。

這些人是引發戰火的火種，而他們真的代表多數人嗎？

二〇一四年，以加拿大曼尼托巴大學為主的研究團隊，對**使用網路引戰的行為**展開問卷調查。

所謂的引戰，指的是「在網路的社交場合中，毫無目的展開的詐欺、妨礙、破壞的行為」。與「鬧事者」同意。

問卷結果得知，**展開引戰行為的人，只占網路用戶全體的5・6%**。雖然網路上不斷引發戰火，但其實只有5・6%的人在起鬨。

大部分的一般人都只是在一旁靜觀，所以極少數引戰的人，他們的聲音會擴散開來。有時候風波還會擴展到電視等媒體上。

這樣會令引戰的人很開心，接著又引發下一場戰火，就此產生負面的連鎖。

為什麼為談到「鬧事者」的事呢，**其實在面對面的人際關係中，也有這種引戰的人存在**。

他們混進某個社群裡，引發衝突的聲浪，讓圈子裡的人際關係惡化，造成人際網絡解體。等到被趕出圈子外，或是自己離開後，又在別的社群展開同樣的勾當。

其特徵就是可以若無其事的說謊。並且在背地裡說社群裡的領導人或主要成員的壞話。

他們會看準當事人不在場的機會，無來由的惡意中傷。而且他們對說謊不會有半點歉疚，所以能講得若無其事，跟真的一樣。

如此一來，許多善良的人聽他們說了這些煞有其事的謊言，而開始覺得「既然他都這麼說了，也許是真的」，社群內就此慢慢產生齟齬。

他們的目的和「鬧事者」一樣，並不是要改變什麼。他們看到引發衝突的聲浪、社群內紛爭不斷，便會暗自竊喜。

如果你的周遭有這種「鬧事者」存在，他們帶來的傷害將難以估算。為了盡可能不和他們扯上關係，你**應該先學會如何看穿這種人**。

萬萬靠近不得的人，有四種共通的性格

以曼尼托巴大學為主的研究團隊，也針對這種**愛引戰之人的性格**展開調

查。

結果得知，他們具有四種特徵。

．權謀至上者：欺騙他人，加以操控，想藉此獲得利益的人。
．自戀者：以自我為中心，極度自戀的人。
．病態人格者：對他人沒有共鳴感或罪惡感的人。
．虐待狂：以虐待他人為樂的人。

當中的權謀至上者、自戀者、病態人格者，是心理學稱之為「黑暗三角人格」的一種性格。

擁有黑暗三角人格的人，已知在每個社會中都有一定的數量，就算這種人混進你的社群裡，也不足為奇。

我們看到周遭人開心、展露歡笑、向我們表達感謝，就會充滿幹勁。但擁有這四種性格的「鬧事者」，則是喜歡侮辱他人、惹怒他人、打垮他人，從這樣的狀況中感到喜悅。

因此，**就算對引戰提出強烈反駁，也只是提高對方的幹勁罷了**。

有另一個實驗，對那些與「鬧事者」扯上關係的人展開調查，看他們後來發生了什麼事，結果得知，**被捲入風波中的人，以及出於好心而挺身相助的人，最後心靈都逐漸遭到侵蝕**。

最好的對應方法，就是避而遠之。為了遠離這種人，要盡快看穿其真面目。

破壞社群和諧的麻煩人物，簡單一眼看穿的方法

要看穿你周遭的「鬧事者」，有兩個重點。

一是**相信你的直覺**。

二〇一一年，美國的華盛頓大學召集了二〇九名受試者，針對就算踐踏他人的情感也毫不在乎的病態人格者、為了目的不擇手段的權謀至上者，這些**擁**

相信「只要和他扯上關係就會惹來麻煩」的直覺
離擁有黑暗三角人格的人遠一點

有人稱黑暗三角人格，「和他們扯上關係就容易惹來麻煩的人物」，進行了一場加以辨別的實驗。

實驗中使用的大頭照，會以病態人格者和權謀至上者的嚴重程度高低來分類，合成出黑暗三角人格程度高的照片。

如此一來，受試者都**能以60%的準確率猜中**擁有病態人格者傾向和權謀至上者傾向的這種黑暗三角人格類型的人。

換句話說，只要乍看之下覺得「這個人有點怪」，就別主動靠近。你的直覺正向你發出準確的警報。

二是**拋出某個提問**。

二〇一〇年，美國的俄亥俄州立大學對兩千零二個人進行一項心理測驗，製作用來看穿自戀者的提問。

意外的是，拋出的提問只有一個。

「這篇『我是自戀者』的文章，你符合的程度有多少？」

對於這個提問，回答「完全不符合」的得1分，「完全符合」得7分，7分滿分，以這個原則來回答。

・1分…自戀程度低，以考慮他人為第一優先，是很善良的人。

・2分…自戀程度比平均低一些，是會盡可能地考慮他人的事，更勝於自己的好人。

・3分…自戀程度位於平均值，善於在自己與他人的希望之間取得平衡的人。

・4分…自戀程度比平均高一些，有自戀傾向的人。

・5分…自戀程度高，比起他人，會更以自己的事為優先，這種傾向很強烈的人。
・6分…自戀程度非常高，最好要思考如何順利與他人溝通的方法。
・7分…完全的自戀者。應該要好好想想，自己是否都瞧不起別人。

如果有個對象讓你覺得「他是否太過自我中心了？」，那不妨對他說「我最近得知一個很有趣的心理測驗」，試著測驗對方的自戀程度吧。

如果分數超過4分，那你最好與對方保持距離，重新思考兩人的關係。

如何不讓你站在「鬧事者」那一邊

相反的，如果你是站在「鬧事者」那一邊，那你必須**盡早在生活習慣中採取解決壓力的對策**。

話雖如此，其實沒必要採取什麼多誇張的對策。

在戶外的綠意中
持續運動五分鐘以上的「綠色運動」

因為當你為了人際關係或建立人脈而苦惱，拿起這本書來閱讀時，你擁有黑暗三角人格的可能性就已經很低了。

想必你只是一時情緒低落，才會激起對周遭人的攻擊性吧。如果是這樣，認真的持續採取解決壓力的對策，會很有效果。

等心情平靜下來後，你應該就會重拾原本的個性，並且發現引戰是多沒意義的一件事。

因此，我建議你採取一個輕鬆的減壓對策，那就是**「綠色運動」**。

我每天都做，所謂的綠色運動，是**一天花五到二十分鐘的時間，在綠意中**

散步。

關於其效果，英國艾塞克斯大學的研究團隊，根據過去進行過的大量數據資料加以分析驗證。

研究團隊驗證**「在森林中散步」和「在公園裡騎自行車」等等，對心理會帶來何種影響**。

結果得知，**光是在戶外的綠意中運動五分鐘以上，壓力便可減輕，身心都能得到很大的放鬆效果**。

研究團隊指出，適合綠色運動的活動除了散步外，還有園藝、郊外騎自行車、釣魚、划船、騎馬、從事農作等等。沒必要進行高難度的運動。

而且也沒必要前往森林或是渡假區，只要在家附近的公園或綠地就有十足的效果。一天五分鐘，請務必一試。

壓力3

嘲笑對方，「鄙視者」的陷阱

在社群網站上確認對方本性，快刀斬斷關係

最後一個該避免的對象，是會鄙視你的人。

擺出鄙視你的態度，以及會嘲笑你的人，要留意別將他加進人際網絡中。

尤其是會鄙視你或其他人身體特徵的人，更是糟糕。

舉個例子，加拿大的滑鐵盧大學進行了一場耐人尋味的研究。

研究團隊以十八歲到二十一歲，「覺得自己的體重出了問題的女性」為對象，展開調查。

針對她們的家人、男友、朋友，對她們的體型有怎樣的反應，以五個月的時間展開追蹤。而三個月後，測量其體重有什麼變化。

結果發現，「妳太胖不好吧？」「妳要不要減肥？」「妳意志不堅，所以

才會吃太多吧？」**聽到這一類鄙視或嘲笑的否定言語的女性，體重平均增加了兩公斤**。

相反的，「我覺得妳現在這樣就很好了」「只要沒影響身體健康，應該就沒問題吧？」**聽到這類肯定言語的女性，體重平均減少了半公斤**。

換句話說，自己周遭有肯定你的人在的情況，與有鄙視你的人在的情況，會引發完全不同的現象。

「太胖不好吧？（對方的看法）」聽到別人這樣嘲笑，會形成壓力，反而會導致吃得太多，體重增加。

而另一方面，要是有人能以一句「我實在不太好意思說，妳是不是胖了？身體還好吧？」接受當事人的狀態，而給予肯定的話語，尋求認同的欲望會得到滿足。

如此一來，自制力和決策力都會提高。吃得過多的情況會減少，減肥也會進行得很順利，所以能控制好體重。

因周遭人的性格差異而引發的這些變化，已確認過也會反映在身體以外的

其他方面上。

例如一位因沒能遵守時間而感到煩惱的人，如果身旁有位上司總會用鄙視的話對他說「沒能遵守時間，比小學生還不如。這種人說的話，沒人會認真聽的！」，只會使情況更惡化。

不過，要是他身邊有位上司會對他說「雖然你有沒能遵守時間的缺點，但你有自由奔放的感想，能以不同於他人的構思來看事物」，指出他人的缺點，同時又會對他正向的一面給予好評，讓他注意到這點，他就會發揮自己原本具備的能力。

重要的是**遠離鄙視你的人，要待在會認真替你想的人身邊**。

用來俐落斬斷關係的標準

這句話的意思，指的並不是「將只會說好聽話的人留在自己身邊」。

我的意思是，**會把你的事當成是自己的事看待，替你著想，指出你負面的**

看起來個性敦厚的人，在網路或社群網站上
展現「鄙視人」的本性，這種情況也很常見

部分，替你擔心的朋友，要好好珍惜。

而最應該避而遠之的，是成天說「這傢伙很胖對吧？只要一吃東西，就會滿身大汗呢」「她是個無可救藥的天然呆。之前啊……」等等，拿別人當題材，「讓人這樣玩弄，你很感謝對吧？」擺出這種神情的人們。

你心中的自卑情節，愈是被玩弄，會愈嚴重。

要重新確認你所屬的人際網絡，如果有「一再鄙視你，拿你當笑柄的人」，就俐落的斬斷彼此的關係吧。

要是身邊有「會指出你負面的事實，但又會替你擔心，替你加油的人」，你就提醒自己要更認真、更親密的與對方來往。

能成為斬斷彼此關係的依據標準，也就是鄙視者所具有的共通點，列舉如下。

- 想利用別人來取笑的人。
- 對別人的努力冷眼看待的人。
- 鎖定某個人物，揶揄其一舉一動，並拿來當笑柄的人。
- 表面上說「加油哦」，但背地裡卻說「他好像會搞砸」的這種人。
- 「所以我才說學歷低的人啊……」給人貼標籤，一竿子打翻一船人的這種人。

這樣的傾向，在網路或社群網站上會更加擴大，表現在外。

表面上一副「好人」樣，看起來一本正經、個性敦厚的人，有時在網路或社群網站上會完全顯露本性，不斷鄙視他人。

如果可以，不妨查看一下對方在網路上或社群網站上的發言。

如何不讓你成為鄙視他人的人

相反的，如果你總是咒罵周遭人，看每件事都不順眼，處在「鄙視者」的狀態下，那就要盡早採取因應對策。

原本個性敦厚的人，變得對人充滿攻擊性，其背景一定和壓力有緊密的關聯。

當壓力升高時，一旦遭受負面情感來襲，就會轉為攻擊性，開始鄙視周遭人。

那那，「鄙視」這種壓力是否能抒解呢？其實不會。口出惡言的人，因為自己說的話，而只看到事物更消極的一面，承受更大的壓力。

換句話說，鄙視者是自己造就出一個否定、充滿壓力的環境，陷入負面的

將注意力從負面的事物轉開
的「專注訓練」

迴圈中。

為了避免這樣的情況，要有充分的睡眠，舒緩壓力，並將注意力從負面的事物轉開，這時，對負面情感的因應對策**「專注訓練」**非常有效。

處在「鄙視者」狀態，對負面的事物有所反應的速度就會變快。在覺得不耐煩的下一個瞬間，腦中便會陸續浮現要向對方說的各種壞話，就此脫口說出指責的話來。

專注訓練對這樣的狀態特別有效。

這是一種轉移注意力的訓練，當你在街上**看到負面的東西時，就要想「我要找出藍色的東西」「要找出有三這個**

數字的資訊」，就像這樣，是刻意將注意力轉往其他的一種方法。

此外，要是發現某人負面的部分，攻擊性即將顯現在你臉上時，就強迫自己想出對方的三個優點。

其目的在於像這樣轉移注意，阻止自己鄙視他人。

當出現強烈的負面情感，以專注訓練都無法轉移注意時，就採取**「往後延」**吧。

例如像「今晚九點到十時，我要徹底沮喪」「從星期六下午三點起，我要用三十分鐘的時間，將負面的想法全寫在紙上」，**事先將鄙視的時間安排進行程中**。

如此一來，對眼前發生的人事物，就不會感覺那麼負面了。而且藉由往後延，負面情感也會很自然的得到控制。

將情緒往後延，對於原本非做不可的事所抱持的幹勁將會減弱，同樣的道理，煩躁的心情也會平息。

第6章

得到迷人的魅力

最終階段特別篇

前面介紹了逐步增加與人結識的機會，與超級人脈王建立連結，加強與朋友間聯繫的技巧。

在打造適合自己的人際網絡方面，也會告訴各位對容易掉落的陷阱該注意的事項。

而在最終章，會**更進一步推動拓展人際網絡的技術，打造出人們會自然往你周遭聚集的狀態**。

最終目的是磨練你自身的魅力，**成為周遭人眼中「想建立關係」的人物**。

當然了，這是拓展人際網絡的最終段階，不需要每個都人都達到這個標準。只要能實踐第五章前面所傳授的內容，就能打造出充分發揮功能的人際網絡。

而這個最終章，說起來就像是「最終階段特別篇」。

一旦成為人們會自然聚集過來，充滿魅力的人物，就更容易有美好的相遇。在不勉強的範圍內，試著加以實踐吧。

二〇一八年，加拿大多倫多大學的研究團隊，找來一千多名男女，透過四項實驗來**針對有魅力的人所具備的特徵展開調查**。

結果得知，周遭人認定「很有魅力的人」，都具有以下特徵。

- 讓人有愉悅的心情。
- 常對人笑。
- 和誰都相處融洽。
- 在室內有存在感。
- 有影響他人的能力。
- 懂得領導團體的方法。

從研究中得知，我們從具有「讓他人放心」「有領導能力」這兩種特性的人身上感受到魅力。

此外，研究團隊還指出，**智力與魅力沒有相關性**。

的確，一些深具魅力的新創企業的創業者，在創業時都展開了一場豪賭。之所以能借來高額的資金，冒著高風險對事業下賭注，可說是因為智力低才有的一種勇氣。

其實他們應該心裡很害怕，但都沒表現在外，不斷說著遠大的夢想。這應該都算是一種魅力吧。

從研究中還得知，其實有許多人在判斷對方是不是個有魅力的人物時，看的不是智力的高低，而是**重視「讓人放心」「有領導能力」這兩個特性，五分鐘以內的印象就決定了一切**。

研究得知，魅力也能後天培養

光看這樣的定義，就會先想到像幕末時代的坂本龍馬和蘋果的創業者史蒂夫．賈伯斯這類的人物，腦中浮現那些以個人魅力當武器，影響整個人類歷史的英雄展現的英姿。或許有人會覺得，這離一般人太過遙遠。

不過請放心。

雖然一般人都認為魅力是與生俱來的特質，但最新的心理學、行為經濟學、腦科學的研究，顛覆了這些舊有常識。

要變成大家「想建立關係」的人物所需的魅力，可藉由後天磨練得來。只要累積知識，投注努力，人人都能打造出吸引人們向你靠近的狀況。

詳情我之後會解說，美國史丹佛大學的心理學家艾馬．塞帕拉博士下了一個結論**「魅力是可以成長的能力」**，並明確指出共鳴能力、傾聽技巧等六種用來磨練魅力的能力。

只要明白魅力有其定義，而且是應該鍛鍊的能力，就能透過學習訓練方法加以實踐，來取得這項能力。

例如美國的克萊蒙特．麥肯納學院，對外公開**八週提升魅力60%的「魅力**

提升訓練」（後述）這項方法。

只要吸收這種知識，紮實的反覆訓練，任誰都能成為眾人眼中「想建立關係」的人物。

更何況是**跟著我一路學習拓展人際網絡技術的你，已打好底子，隨時都能朝更具魅力的自己邁步前進**。

學習吸引人的祕訣，以成為大家「想建立關係」的人物為目標吧。

明白自己當下有多大魅力的自我檢測

為了掌握你當下有多少魅力，一開始我先介紹多倫多大學的研究團隊製作的**「魅力自我檢測」**。

這是只要回答以下的提問，就能對自己的魅力度評分的測驗。

- 人們常說你「很顯眼」。

- 覺得你有改變他人行動的能力。
- 你明白該如何領導別人。
- 你擅長讓別人有好心情。
- 你常和別人一起笑。
- **就算是第一次見面的人，也能馬上和對方混熟。**

每個提問以1分（完全不符合）~5分（完全符合）來打分數。

測驗的內容，前半的提問是用來判定「說服力」，後半的提問是用來判定「容易討人喜歡的程度」。

請將各個提問的分數加總，再除以6，算出平均分。如果**分數高於3.7分，就可判斷出你的魅力高於平均**。

當然了，愈接近5分滿分，表示愈有資質，能讓周遭人認為你「是個很有魅力的人」。

附帶一提，在第三章介紹過的超級人脈王，如果接受這項測驗，應該很可能會得到3．7分以上的分數。

如果你在找尋超級人脈王，發現有可能的人選，請對方做這項測驗也是個方法。這能成為提示，以分辨對方究竟只是人面廣，或者真的是超級人脈王。

那麼，你的得分是多少呢？

如果超過3．7分的話，請以更高的標準為目標。

如果不到3．7分，那就進一步了解我接下來要介紹的六種用來提高魅力度的能力，加以訓練，努力提升自己的魅力吧。

吸引眾人的六種能力是什麼？

二〇一六年，美國史丹佛大學的艾馬．塞帕拉博士，針對和魅力有關的昔日文獻展開重新調查。

結果得到的結論是「魅力是一種能成長的能力」，並推薦人們要提升以下六種能力。

①共鳴能力…和別人有同樣的感受，以這樣來思考，讓對方覺得舒服的能力。

②傾聽技巧…同時使用語言和非語言這兩種技巧，讓對方覺得「這個人肯聽我說」的能力。

③眼神交流…讓對方與自己的想法同步所不可或缺的能力。

④熱情…誇讚他人的行動或構想，能讓對方覺得舒服的能力。因為是難以偽裝的情感，所以也當作用來表示對對方感興趣的信號。

⑤自信…不管別人怎麼想，都能表現出不以為意的態度，給對方安心感的能力

⑥轉化為言語的技巧…能將自己的想法轉化為言語的能力。

塞帕拉博士的論文中最重要的要點，是他指出**這些能力全都能靠訓練來提升，最後能提高個人的魅力**。

共鳴能力、傾聽技巧、眼神交流、熱情。這四種是積極與別人產生關聯的

能力。把熱情換成「對對方感興趣」，或許會比較容易理解。

第五種的自信很有趣的一點，在於**一方面很重視共鳴能力和傾聽技巧，而另一方面，不管別人怎麼看，一樣都能擺出毫不在意的態度**。就是這樣的反差，會提高你在對方眼中的魅力感。

正因為不在意別人的眼光和評價，展現出威儀十足的態度，因而讓人有、「要是跟著他，應該會很有意思」「他很可靠」的感覺。

不過，如果沒有共鳴能力或傾聽技巧，則會給人一種「單純只是個傲慢者」的印象，人們不會主動靠近。

第六種轉化為語言的技巧，**是能將自己的想法轉化為準確且具有象徵性的言語來傳達的能力**。在此以我認為有魅力的人物說過的名言來當例子吧。

「我總有一天會死。想起這件事，是讓我意識到自己再也沒有東西好失去的最佳方法。」（史蒂夫．賈伯斯）

「構築名聲要花二十年，但要失去名聲花不到五分鐘。只要能明白這點，

有魅力的人所具備的六種能力

❶共鳴能力

❷傾聽技巧

❸眼神交流

❹熱情

❺自信

❻轉化為語言的技巧

你應該也會改變行動。」（華倫·巴菲特）

這些名言之所以會打動人心，是因為它含有象徵性的話語，給聽者和讀者思考的空間。

賈伯斯這番話，是藉由想到死亡，來讓人思考活在當下。巴菲特那番話，則是藉由意識到多年累積的信用，而要人們對愚蠢的行動踩剎車。

那戳中人心的話語，再加上發話者的魅力，會對對方的情感產生很大的影響。

不過，**這同樣也不是天性使然**。只要理解名言的構造，任誰都能說出像樣的話來。

「雖然不保證全新的挑戰能成功，但可以保證一定會成長。」

「哪怕只有一點點，只要能超越昨天的自己，就是美好的一天。」

這是以前我在Twitter上寫的句子，覺得寫得還不差。只要了解構造，加以訓練，人人都能學會轉化語言的技巧。

增進魅力的五個方法

那麼，要提高前面提到的六種能力，該做怎樣的訓練才好呢？

克萊蒙特．麥肯納學院的「魅力提升訓練」可供參考。**研究團隊指導企業幹部展開獨自訓練，以八週的時間讓他們的魅力提升60％**。

我以這項訓練為基礎，加上其他研究魅力的要素，想出了**「提升魅力的五個方法」**，在此為各位介紹。

方法 1

「積極聆聽」

第一個方法**「積極聆聽」，是仔細聽對方說話，選出對話中的重要單字，反問對方的訓練。可以鍛鍊共鳴能力、傾聽技巧、眼神交流**。

前面介紹過，二〇一二年在美國哈佛大學舉行的一場實驗中，進行「說自己的事」這項行為，它就像「吃了可口的一餐」或「得到一筆錢」一樣，會讓大腦興奮。

而且在同一個實驗中，向受測者**詢問「如果你收了錢，是否就會停止說話？」，結果大部分人都傾向放棄拿錢**。

我們都有「希望有人聽我說話」的基本欲望，並對肯聽我們說話的人抱持好感。

選出能戳中對方情感
的關鍵字來提問

這時**不光只是聽，如果能巧妙提出融入情感的問題，將會為對方帶來很大的快樂，甚至還勝過請對方吃大餐，或是給予金錢報酬**。

聽人吹噓，或許有人會覺得很難受，但建議各位當這是鍛鍊積極聆聽的遊戲，全力投入其中。

「所以呢？」「然後呢？」試著一面這樣提問，一面估算對方持續吹噓了幾分鐘。「昨天我讓他講了十分鐘」「今天不知道能不能刷新紀錄」，就像這樣。

我學生時代因為感興趣而學習讀心術（解讀、操控人心的技術），為了找一處學以致用的地方，我前往收費門檻高，氣氛平靜的酒吧。

在那裡，我試著向坐我身旁的大叔展開積極聆聽。如果進行得順利，對方就會說「今天聊得真愉快。謝謝你聽我說。這次算我的，你喝杯酒再回去吧」。

因為當時我還是個窮學生，所以要付自己的酒錢實在很吃力，也因為這樣，那裡成了一處很好的訓練場所。

附帶一提，與我在第三章介紹的「模仿」不同之處，在於**我不光只是重複說對方說過的話，還要將提問集中在更能戳中對方內心情感的關鍵字上**。

例如，當對方說他「最近很容易累，都無法專注在工作上。」你就得貼近對方的心情問一句「很容易累啊？那可真辛苦呢。你知道是什麼原因嗎？」，同時將關注點放在對方真正想說的話題上。

或者是對方說「早安！」時，針對對方的第一句話做出反應「你今天的『早安！』特別有精神，是不是有什麼喜事啊？」，這也是積極傾聽的一個例子。

對對方話語中「帶有情感的部分」做出反應，提出反問吧。

就這層含意來看，積極聆聽可說是比模仿更高級的技術。

哈佛大學的另一個研究團隊研究出以下這樣的資料。

以線上聊天室引導三百名男女，請他們各自用十五分鐘的時間持續與第一次見面的人交談，然後分析看誰有異性緣。

結果得知，**常提問的人（十五分鐘問了九次以上）與很少提問的人（十五分鐘問不到四次）相比，給對方的印象特別好**。

不是聊自己的事，而是對對方感興趣，同時詢問「你都做些什事？」「換句話，這到底是怎麼一回事？」這類的問題。

十五分鐘提問九次，也就是平均八十秒問一次。

試著積極的提問吧。

回答速度要快，但開始說之後，要用緩慢低沉的聲音

此外，在進行積極聆聽時，**也要留意「聲音」和「回答速度」**。

首先，聲音是魅力的一大要素。要具體留意的重點如下。

- 慢慢說：盡可能用緩慢的步調說話，說服力會就此提高。
- 加入停頓：在說話途中加入停頓的人，看起來會更有自信。要留意在每個句子中加入一到兩秒的停頓。
- 降低聲調：降低文章的語尾說話，能給對方強而有力的印象。
- 深呼吸：留意一邊用鼻子深呼吸，一邊對話，就能發出有力的聲音。如果是從嘴巴吐氣，會給對方一種不安、不夠從容的印象，要多注意。

根據澳洲昆士蘭大學大學的研究得知，**當別人問你問題時，你能持續馬上**

回答，讓對方感受到的魅力將會增加。

這項研究是受測者全都接受過智力測驗後才實施，最後得到令人意外的結果，那就是**「比起智商高的人，回答速度快的人更會給人充滿魅力的印象」**。

智力、脾氣好、答對率，都和魅力無關，真正重要的，是面對大量提問能迅速回應的回答速度。

回答速度要快，但開始說話後，要緩緩以低沉的聲音來說。

這就是提高魅力度的說話方式。

方法2

無聲戲劇訓練

第二個方法**「無聲戲劇訓練」，是在無聲狀態下看肥皂劇（通俗劇）中的某個場景，想像「登場人物在想些什麼？」的一種訓練**。可鍛鍊共鳴能力、傾聽技巧、熱情。

無聲戲劇訓練特別鎖定的目標，是鍛鍊共鳴能力。

在美國奧克拉荷馬大學的研究中，將一百名受測者分成兩組，一組讓他們看得獎的戲劇，另一組讓他們看海洋生物紀錄片，然後檢測其前後的EQ（情緒商數，自我情緒控制能力的指數）變化，進行這項實驗。

比較結果後發現，**比起看紀錄片的小組，看戲劇的小組EQ值更高**。看優質的戲劇，能提高解讀人心的能力。

一邊看無聲戲劇或小說，
一邊具體的想像人物的情感

此外，小說是刻意減少資訊量，採用激起讀者想像力的技巧而寫成，所以就算是小說，也能得到與肥皂劇相同的效果。

如果能解讀眼前對象的情感，產生共鳴感，你的態度就會少一分僵硬。

放鬆的氣氛會傳達給對方明白，提高魅力度。

要培育和說話對象的一份共鳴感，不光要進行無聲戲劇訓練，平日在與人溝通上，也應該要留意以下兩個重點。

・想像說話對象的「過去」。

（「他是在怎樣的環境下長大的？」「他小時候有過怎樣的經驗？」「他家人都是怎樣的人呢？」就像這樣，要盡可能具體的想像）

・想像說話對象的「現在」。

（「他是以怎樣的身分在工作？」「他現在有什麼煩惱？」就像這樣，站在對方的立場，盡可能具體的想像對方的感受）

從哈佛大學的研究中得知要挑選有魅力的話題

此外，如果想要喚起共鳴感，與對方有共通的話題會比較方便。

關於這點，從哈佛大學的研究中得知，**周遭人都認為很有魅力的人，會聊聆聽者熟悉的話題**。

這或許是令人意外的研究結果。

印象中都覺得充滿魅力的人會聊到聆聽者沒聽過的新鮮話題對吧？

不過，就算朋友口沫橫飛的談到小眾電影或非洲音樂，如果不具備相關知識，雙方就無法聊得熱絡，同樣的道理，聆聽者沒聽過的話題，會讓彼此產生距離感。

關於這點，有魅力的人們**在準備談到新奇的話題時，會先拋出大家都懂的共通話題，讓眾人產生興趣，然後才談正題**。

這種吸引對方感興趣的說話方式，也能透過戲劇或小說來學習。

方法3

故事分享

第三個方法**「故事分享」，是將自己想說的事轉換成某個故事或軼聞，向對方傳達的一種訓練**。

「當初哥倫布……」「達爾文曾經……」「林肯他啊……」像這樣搭配上偉人的故事來傳達訊息，效果也會非常好。它能鍛鍊共鳴能力和轉化為語言的技巧。

我們聽對方說話，對話語做出反應，並開始想像。

不管是怎樣的故事開頭，一旦傾聽後，人們就會開始想像後續的發展。

正因為這樣，故事裡有傳達訊息的強大力量。

而這時候我們**感受到魅力的不是具體性，而是神祕性**。

（※語出林肯在蓋茨堡演說時提到的「民有、民治、民享」。）
讓我們來辦一場公司有、公司治、公司享的尾牙吧！
嘩～

借用昔日的偉人名言，
單純的訊息將變成帶有神祕性的故事

二〇一三年，美國加州大學的研究團隊找來七十八名男女，請他們閱讀史蒂夫．賈伯斯的傳記。

這時，將應該注意的傳記重點分成以下兩種來傳達。

・強調具體性的模式

「史蒂夫．賈伯斯是位出了名的工作狂，在作出滿意的產品前，絕不妥協」，指示他們要注意像這類的表現方式。

・強調神祕性的模式

「史蒂夫．賈伯斯具有天生的洞察

力，就像能預見數十年後一樣，時時擁有遠見」，指示他們要注意像這類的表現方式。

之後，請所有受測者對賈伯斯的魅力度評分，**在強調神祕性的模式下接受指示，以此閱讀傳記的小組，有32%左右給予高分**。

針對這個現象，研究團隊說明這是「人們傾向將充滿魅力的領導能力與魔法思維連結在一起」。這顯示出帶有神祕性的故事會提高魅力度的傾向。

如果覺得要用這種帶有神祕性的表達方式有困難，可**借用昔日的偉人名言，將你要傳達的訊息轉換成帶有神祕性的故事**。

例如像「想要成功，就要不辭辛勞」「就算失敗也別放棄」這類的訊息，發明家愛迪生曾說過以下的名言。

「如果想成功，就一天用十八小時的時間集中在一件事情上吧。」

「我沒失敗。我只是發現了七百個行不通的方法而已。」

美國人稱鋼鐵大王的安德魯・卡內基，曾用以下的方式說出「要想出點子，需要持續思考」這樣的訊息。

「點子是慢慢醞釀而來，不是光靠一天就能生出。真正需要的不是構思能力，而是耐力。」

就像這樣，在傳達一般的訊息時，**也能藉由添加戲劇性的要素，讓人感覺到它背後的故事**。

故事要歸納出起、承、合這三部分

只要事先學會昔日的偉人名言，當你要向某人傳達同樣的訊息時，就能採用類似的表達方式。

「這次我們的團隊失敗了。但對於失敗，愛迪生曾說『我只是發現了七百個行不通的方法』。我們不妨也和愛迪生一樣，在發現許多行不通的方法之前，再努力看看如何？」

我再介紹一個可在編故事時派上用場的技巧。

它叫作「Three Part List」，是將故事內容歸納成起、承、合三部分的方法。

將前面的訊息分解後，就構成了Three Part List。

1. 這次我們的團隊失敗了。
2. 但對於失敗，愛迪生曾說『我只是發現了七百個行不通的方法』。
3. 我們不妨也和愛迪生一樣，在發現許多行不通的方法之前，再努力看看如何？

像這樣**將想傳達的訊息以條列的方式分成三個步驟，故事便就此誕生，會變得相當容易傳達**。

深具魅力的人們所說的話，之所以會吸引聽者的心，是因為將訊息放進簡單的故事中。

方法4
反問

第四個方法**「反問（Rhetorical question）」，是採提問的形式，來提出不求回答的問題**。

魅力強的領導人，往往會為了勉勵他人而使用這個方法，能藉由學會這項技術，來鍛鍊眼神交流、熱情、轉化為語言的技巧。

一般來說，反問常被視為破壞人際關係的說話方式。

例如有位對工作上的疏失火冒三丈的上司，質問部下「為什麼會搞成這樣？」時，他真正的意思不是想聽部下解釋，而是心裡想「如果照一般的方式來做，不會搞成這樣吧！」，他只想表達心裡的怒火。

就算部下很有誠意的說明情況，並說了一句「真的很抱歉」，加以解釋，但上司的怒火還是不見平息的話，他一定會回一句「所以我才說嘛，你只要稍

「想逃避眼前的敵人嗎？
還是想牢牢抓住勝利？」

微動點腦筋想，不就明白了嗎？」，反問就此不斷循環。

或是有位進行選舉演說的候選人，向聽眾拋出「你們容許這種事發生嗎？」這樣的提問時，話中暗藏的訊息是「我主張不容許這種事發生，你們應該支持我！」。

就像這樣，反問是採取提問形式的單向溝通，通常會對接受提問者植入負面的情感。

但有魅力的人會**在反問中加入讓對方轉為正向情感的訊息，以「賜予動機的提問」這種形式來加以活用。**

例如有魅力的上司對於效率差的員工，會拋出像「你想懷著難過的情緒回辦公室嗎？還是想帶著滿滿的成就感回辦公室？」這類的提問。

我將這種技巧稱作**「極端的二選一」**。

「你要就此選擇名為安定的停滯，一輩子走在空無一物的砂漠上嗎？還是要爬上險峻的山路，欣賞那終生難忘的美景？由你來選擇」，就像這樣，我都會拋出問題，讓對方照自己的意思來選擇。

重要的不是正確與否，而是要讓對方做選擇。

如此一來，**「自我選擇的優位性」會發揮作用，我們會從自己的選擇中感受到價值**。

「自己選擇決定」的真切感受，會帶來幸福感，這在心理學的各種實驗中都得到證實。

而日本在神戶大學對兩萬人實施的一份問卷調查中也得知，**「是否憑自己的意思決定升學或就業等出路」，也就是自己對出路的決定程度，比起年收或學歷，更會對主觀的幸福感帶來強烈的影響**。

成為「讓我明白自己內心聲音的人」

有魅力的人會刻意以反問的形式拋出可以促成正向行動的選項，以此營造出可讓對方自行選擇的狀況。

而接收到「這是你該決定的事」這個訊息，並做出決定的一方，心裡會這麼想。

拋來反問的人，是「讓我明白自己內心聲音的人」、「是在背後推我一把，要我做決定的人」——。

也就是說，能從對方那裡感受到極大的魅力。

在此介紹一下當初史蒂夫・賈伯斯將百事可樂公司行銷部門的幹部約翰・史考利挖角過來時所用的反問吧。

「你剩餘的人生也想耗在賣糖水上嗎？還是你想要一個改變全世界的機

會？」

反問會隨著使用方式的不同，而成為吸引對方的大型武器。

方法5

以具體的話語來呈現未來

第五個方法是**「以具體的話語來呈現未來」**。

魅力強的人，往往**不是用抽象的話語，而是用很具體的話語（數字、事例、資料）來對事物下斷言，並說出未來的可能性**。

學習具體性與可能性相互搭配的說話方式，磨練自信和轉化為語言的技巧，就能提高自身魅力。

二〇一二年，哈佛大學行進行了一場研究。他們請參加實驗的學生們擬定「與求職活動有關的虛擬腳本」。

請當事人想像自己成了企業的面試考官，並問他們會從以下兩組人選中錄用哪一組。

・過去成就組

「接下來要面試的人選，擁有兩年資歷，在領導能力測驗中也有很高的分數」，得到這樣的訊息。

・潛能組

「接下來要面試的人選，雖然沒有這方面的工作經驗，但在領導能力測驗中有很高的分數」，得到這樣的訊息。

如此一來，**許多參加實驗的學生都會積極的錄用潛能組的人**。

而且，如果問一句「你覺得哪一組的人選有魅力？」，票數也都集中在潛能組上。

研究團隊對這樣的結果發表看法。

「我們在比較『過去的成就』（這個人在工作上得過獎）與『潛能』（以

平時就要多留意
要根據具體的事例或資料來談論未來

這個人的能力來說，三年內一定會得獎）時，大部分人都會對『潛能』抱持期待。因為只要別人將潛能呈現在面前，就會感到興趣濃厚。」

在針對那些投注資金在創業家身上的投資家們展開的調查中，也證實了有同樣的傾向。

向投資家介紹新創企業家時，與其告知「這個人過去做過這樣的生意，有過這樣的成績」，還不如宣傳「這個人的計畫中暗藏了這樣的可能性」，能募集到更多資金。

想要獲得人們的期待，對未來的

可能性，比過去工作上的成績更重要。

不過，如果只是含糊的表現出對未來的可能性，不會有效果。

不是「明年會比今年更進一步擴展公司」，也不是「明年將達成兩百家店」、「日後有天要環遊世界」，而是以「明年的今天，我們會展開環遊世界之旅」這種方式來呈現。

平時就要多留意，根據具體的事例或資料來說話，展開訓練。

提高魅力後，等在前面的是絕佳的人際網絡

前面介紹的「提升魅力的五個方法」，並非一口氣就能練就。**不妨反覆從嘗試和錯誤中學習，逐漸提高自己的魅力**。

一開始要在你所屬的小小人際網絡中嘗試「積極聆聽」、「故事分享」、「以具體的話語來呈現未來」，看看周遭人的反應。

覺得自己共鳴能力不足的人，要進行「無聲戲劇訓練」。

而當人際網絡內的人找你商量時，就以「反問」來表現出積極的方向性吧。

如此反覆執行，能成為一種訓練，你的魅力度將會穩健的提升。

就算只是個小團體，但**只要能發揮魅力，就能成為人際網絡中的核心人物**。

一旦成為某個人際網絡的核心人物，就算只是個小團體，也一定有機會與其他人際網絡產生連結。屆時你將會以代表該團體的領導者身分，被介紹給其他團體認識。最後會發生什麼事呢？

就像波紋會在水面上擴散開來一樣，**你拓展人際網絡的場所也會畫出一個大圓，向外擴散**。

後記

感謝各位一路看到最後。

最後我要問個問題。

當我們學習拓展人際網絡，逐漸建立起自己的人際網絡後，便不再害怕某件事。各位知道是什麼嗎？

如果是熟讀本書的人，或許已經發現。我在第二章就已經提到。

沒錯。答案是「被人討厭」。

如果要說得更明確一點，那就是**「害怕被人討厭」的感覺會逐漸消失**。

因為包含超級人脈王在內，你已經有好夥伴和知心好友組成的最佳人際網絡，他們會賜給你自信。

就算這個人際網絡日後自然消失，透過你學會的拓展人際網絡技術，將會創造新的邂逅，讓你與其他超級人脈王產生連結，並結交知心好友。

「能和任何人建立連結」的這份自信，會提高你不倚賴他人的獨立感。

其實改善人脈和人際關係的人際網絡拓展術，學得愈深入，你愈懂得享受孤獨。

看是要待在人際網絡的圈子內，還是圈子外，都可隨意選擇，這就是你所處的狀態——。

換句話說，**拓展人際網絡能增加你的選項，讓你能自由面對人生**。

我和一般的研究者或商務人士不同的地方，可能在於我不太會去思考「能不能辦到」。

一旦決定好想做的事，我腦子裡只想著「要怎麼做才能辦到」。

因為我相信，想做的事做不到，在這種狀態下過日子，活得一點意思也沒有。

對於本書的主題「拓展人際網絡」，我也一直是秉持同樣的觀點來思考、學習。

說起來，我現在還是一樣不善與人交往。

儘管如此，我還是和自己的好夥伴以及為數不多的朋友展開交流，並且有許多粉絲為我打氣加油。

因為這雖然不是我擅長的事，但我決定「因為有必要，所以還是做吧」，就此一邊學習、實踐，一邊學會這些技術。

如果現在的你遭遇瓶頸，感覺不到自己的成長，並為此苦惱，我很想向你拋出一個反問。

「一個無法實現自己夢想的世界，就算活下來又有什麼意義呢？」

我不以自己能夠辦到與否來判斷事物。

不妨拿起這本書，大幅改變你的人生吧。
跨出那第一步的人，不是別人，正是你自己。

二〇一九年二月
讀心師DaiGo

參考文獻

Rob Cross (2004) The Hidden Power of Social Networks

Adam Grant (2013) Pay It Forward With The Five-Minute Favor

Knowles ML (2015) Choking under social pressure:social monitoring among the lonely.

Tiziana Casciaro (2014) The Contaminating Effects of Building Instrumental Ties: How Networking Can Make Us Feel Dirty

Gráinne M Fitzsimons et al. (2013) Riding other people's coattails: Individuals with low self-control value self-control in other people

Tom Rath (2006) Vital Friends: The People You Can't Afford to Live Without

Brian Uzzi (2005) Emergence: The dynamics of network formation

Daniel Z. Levin et al. (2010) Dormant Ties: The Value Of Reconnecting

Sterling Bone (2016) Mere Measurement "Plus":How Solicitation of Open-Ended Positive Feedback Influences Customer Purchase Behavior

Ivan R. Misner (2006) Truth or Delusion?: Busting Networking's Biggest Myths.

Hidalgo, Cesar A. and Rodriguez-Sickert, C. (2008) The dynamics of a mobile phone network.

Skowronski JJ (1998) Spontaneous trait transference:communicators taken on the qualities they describe in others.

Roderick I.Swaab et al. (2010) Early words that work:When and how virtual linguistic mimicry facilitates negotiation outcomes

Daniel Kahneman (2012) Thinking, Fast and Slow

Diana I. Tamir et al. (2012) Disclosing information about the self is intrinsically rewarding

Tom Rath (2004) Vital Friends: The People You Can't Afford to Live Without

Hans-Georg Wolff and Klaus Moser (2009) Effects of Networking on Career Success: A Longitudinal Study

John Carlisle (1978) The Effective Negotiator--Part I: The Behaviour of Successful Negotiators.

Charity A Friesen:What Pushes Your Buttons? How Knowledge about If-Then Personality Profiles Can Benefit Relationships

Susan Sprecher (2013) Correlates of Couples' Perceived Similarity at the Initiation Stage and Currently

NATASHA D. TIDWELL (2012) Perceived, not actual,similarity predicts initial attraction in a live romantic context: Evidence from the speed-dating paradigm

JEFFREY A. HALL (2017) Humor in romantic relationships: A meta-analysis

Online Dating (2012) A Critical Analysis From the Perspective of Psychological Science

Patti M. Valkenburg (2011) Interactive Uncertainty Reduction Strategies and Verbal Affection in Computer-Mediated Communication

Sheldon Solomon (2015) The Worm at the Core: On the Role of Death in Life

Tskhay, Konstantin O et al. (2018) Charisma in everyday life: Conceptualization and validation of the General Charisma Inventory.

Emma Seppälä (2016) The Happiness Track:How to Apply the Science of Happiness to Accelerate Your Success

Nodarse, B. C. (2009) A nonverbal approach to charismatic leadership training

G Cooney et al. (2017) The Novelty Penalty:Why Do People Like Talking About New Experiences but Hearing About Old Ones?

Young et al. (2013) Managerial Mystique

Tormala, Z. L. et al. (2012) The preference for potential.

國家圖書館出版品預行編目(CIP)資料

超人脈術：不善交際也能輕鬆拓展人際關係，打造讓機會找上門的幸福交友圈／DaiGo著；高詹燦譯. -- 初版. -- 臺北市：臺灣東販股份有限公司, 2022.10
270面：14.7×21公分

ISBN 978-626-329-470-7（平裝）

1.CST：人際關係 2.CST：人際傳播 3.CST：社交技巧

177.3　　111014220

超人脈術
不善交際也能輕鬆拓展人際關係，打造讓機會找上門的幸福交友圈

2022年10月1日初版第一刷發行

著　　者　讀心師DaiGo
譯　　者　高詹燦
編　　輯　魏紫庭
封面設計　水青子
發 行 人　南部裕
發 行 所　台灣東販股份有限公司
＜地址＞台北市南京東路4段130號2F-1
＜電話＞(02)2577-8878
＜傳真＞(02)2577-8896
＜網址＞http://www.tohan.com.tw
郵撥帳號　1405049-4
法律顧問　蕭雄淋律師
總 經 銷　聯合發行股份有限公司
＜電話＞(02)2917-8022